- DIPLOMICA -
BAND 27

Herausgegeben von Björn Bedey

Determinismus oder Willensfreiheit

Ein Vergleich der Theorien von
Arthur Schopenhauer und Peter Bieri

von

Susanne Schultz

Tectum Verlag
Marburg 2006

Die Reihe *diplomica* ist entstanden aus einer Zusammenarbeit der Diplomarbeitenagentur *diplom.de* und dem *Tectum Verlag*. Herausgegeben wird die Reihe von Björn Bedey.

Schultz, Susanne:
Determinismus oder Willensfreiheit.
Ein Vergleich der Theorien von
Arthur Schopenhauer und Peter Bieri
diplomica, Band 27
/ von Susanne Schultz
- Marburg : Tectum Verlag, 2006
ISBN 978-3-8288-8962-0

© Tectum Verlag

Tectum Verlag
Marburg 2006

Inhaltsverzeichnis

1. Zur Fragestellung..7
2. Arthur Schopenhauer..9
   2.1. Was ist eine Handlung?..9
   2.2. Wollen, Wille und Erkenntnis des Willens....................12
   2.3. Freiheitsbegriffe..13
   2.4. Kausalität und Determinismus 15
   2.5. Die Täuschung der Freiheit..24
   2.6. Der Charakter und die Motive, die auf ihn wirken 29
   2.7. Die Folgen des Determinismus für Ethik und Rechtslehre.......32
   2.8. Die transzendentale Freiheit des Willens....................37
   2.9. Die Verneinung des Willens zum Leben.....................44
   2.10. Kritik an transzendentalen Freiheitsarten.................48
3. Peter Bieri...57
   3.1. Von Schopenhauer zu Bieri..57
   3.2. Die Idee einer Handlung..63
   3.3. Der Wille...65
   3.4. Handlungsfreiheit und Entscheidungsfreiheit............70
   3.5. Bedingte Freiheit..79
   3.6. Lebensgeschichte und Verantwortung........................89
   3.7. Angeeignete Freiheit..96
4. Zusammenfassung..108

Anhang..113
   Abkürzungsverzeichnis...113
   Literaturverzeichnis..114

1. Zur Fragestellung

In dieser Magisterarbeit geht es darum, inwiefern Schopenhauer uns heute noch etwas über die Willensfreiheit sagen kann. Ist seine Theorie zur Willensfreiheit heute noch vertretbar, oder muss man an bestimmten Stellen Abstriche machen? Oder sind wir heute vielleicht schon weiter in unserer Erkenntnis, so dass wir Schopenhauer widerlegen können? Diese und andere Fragen werden zu untersuchen sein. Zum Vergleich ziehe ich Peter Bieris im Jahre 2001 erschienenes Buch *Das Handwerk der Freiheit* heran. Bieris Werk habe ich als Beispiel dafür herausgegriffen, auf welche Weise heute ein Nachdenken über die Willensfreiheit möglich ist. Es hat mich gereizt, einerseits Schopenhauer in unsere Zeit zu holen, wobei mir Bieri eine Hilfe war, und andererseits Bieris optimistischen Gedanken, dass wir uns unsere Freiheit aneignen können, durch die Brille des Pessimisten Schopenhauer zu betrachten.

Zuerst ist es nötig, Schopenhauer zu verstehen. Er wird meistens als Paradebeispiel eines Deterministen dargestellt. Das ist nicht falsch, aber es wäre zu einfach, bei dieser Feststellung stehenzubleiben, denn er vertritt darüber hinaus die transzendentale Freiheit bzw. den intelligiblen Charakter sowie die Freiheit zur Verneinung des Willens, denen er in seinem Werk viel Raum widmete und die ihm offenbar wichtig waren. Auch diese will ich in meine Untersuchung mit einbeziehen.

Was Bieri betrifft, so werde ich zusätzlich zur Darstellung seines Werkes kurz auf seine Einflüsse eingehen, um seine Theorie im philosophischen Denken verorten zu können. Außerdem möchte ich untersuchen, ob es möglicherweise eine Kontinuität der Ideen von Schopenhauer zu Bieri gibt.

Grundsätzlich geht es natürlich um die Frage nach der Freiheit des Willens, wie sie in der Philosophiegeschichte immer wieder gestellt wurde. Es geht darum, ob der Mensch zwischen verschiedenen Handlungsmöglichkeiten frei wählen kann. Ist es uns möglich, statt einer bestimmten Handlung, die wir wollen und vollziehen, etwas anderes zu wollen und zu tun?

Die Frage nach der Willensfreiheit spielt in der Ethik eine Rolle, wenn es darum geht, ob es dem Menschen möglich ist, einer Handlungsnorm zu folgen oder ob er, im Gegenteil, durch seine persönliche Geschichte determiniert ist und nicht anders handeln kann, als er handelt. Sind wir für unsere Handlungen verantwortlich? Ist es für die Rechtfertigung der Idee der Verantwortung nötig, dass wir auch anders handeln können?

Ein deterministisches Weltbild ist sowohl für Schopenhauer als auch für Bieri die Grundlage der Überlegungen. Aber folgt aus einem deterministischen Weltbild, dass wir unfrei sind? Was folgt aus dem Ergebnis dieser Überlegungen für die Ethik und was für unsere Praxis des Strafens? Auf diese und damit verwandte Fragen und Probleme möchte ich in dieser Arbeit eingehen.

2. Arthur Schopenhauer

2.1. Was ist eine Handlung?

Eine zusammenhängende Handlungstheorie hat Schopenhauer nicht formuliert, aber aus verschiedenen Äußerungen, vor allem in seiner Schrift *Über die vierfache Wurzel des Satzes vom zureichenden Grunde*, lässt sich erschließen, was Schopenhauer unter einer Handlung versteht.

Folgende Fragen sollen dazu dienen, einem Verständnis von Schopenhauers Handlungsbegriffs näher zu kommen: Was unterscheidet eine Handlung von einer bloßen Bewegung? Wieso werden Menschen für ihre Taten verantwortlich gemacht und daraufhin gelobt oder getadelt, ein Stein aber nicht für seine Bewegungen? Sind auch Unterlassungen Handlungen, und gelten rein innere Vorgänge wie Kopfrechnen als Handlungen? Ist jedes Handeln für die Ethik relevant, oder müssen bestimmte Bedingungen gegeben sein?

Handlungen sind für Schopenhauer „die äußern, mit Bewußtsein geschehenden Aktionen aller tierischen Wesen"[1]. Als erstes lässt sich daraus entnehmen, dass es Schopenhauer um äußere, beobachtbare Handlungen geht. Innere Aktionen wie das Lösen einer Rechenaufgabe im Kopf, die nicht beobachtet werden können, sind für Schopenhauer keine Handlungen. Er würde sie vermutlich als bloße Gedanken ansehen. Weiter kann man aus Schopenhauers Handlungsdefinition ablesen, dass jemand etwas bewusst tun muss, um ein bestimmtes Ziel zu erreichen. Wenn das zutrifft, ist die betreffende Aktion eine Handlung. Kulenkampff[2] sieht Handlungen gegenüber Ereignissen durch einen Bedeutungsüberschuss charakterisiert. Handlungen haben nicht nur einen

---

1 G, S. 47.
2 KULENKAMPFF, Arend: Hätten wir anders handeln können? Bemerkungen zum Problem der Willensfreiheit. 59. Jb. Frankfurt am Main 1978, S. 15 - 28.

äußeren, sondern auch einen inneren Aspekt. Wahr ist eine Handlungsbeschreibung dann, wenn die enthaltene Ereignisbeschreibung wahr ist und darüber hinaus das Ereignis einem Handlungssubjekt zugeschrieben werden kann.[3] Eine Handlung unterscheidet sich also von einem bloßen Ereignis dadurch, dass sie von einem Subjekt als Urheber mit einer bestimmten Absicht hervorgerufen wird. In diesem Sinne ist sie mehr als ein Ereignis. Ein Stein ist kein Subjekt, ein Mensch oder ein Tier laut Schopenhauer aber schon, da beide Bewusstsein haben. Ohne Bewusstsein ihrer Folgen ausgeführte Aktionen, z. B. im Affekt, kann man nach Schopenhauer nicht als Handlungen bezeichnen.

Schon in Schopenhauers Dissertation wird klar, daß es bei seiner Vorstellung von Kausalität um Veränderungen von Zuständen geht, nicht um das Beharren, woraus man schließen kann, dass er seine Aufmerksamkeit vor allem auf Aktivitäten richtete, die Veränderungen der äußeren Realität zur Folge haben. In *Über den Satz vom Grunde* schreibt Schopenhauer: „[...] das Gesetz der Kausalität [steht] in ausschließlicher Beziehung auf Veränderung und hat es stets nur mit diesen zu tun."[4] Wenn ein Zustand gleich bleibt, ist das für die Kausalität, die es mit Ursachen und Folgen zu tun hat, irrelevant. Auch wenn es um die Motivation geht, welche die für Tiere und Menschen charakteristische Kausalität ist, beschränkt sich Schopenhauer auf die Betrachtung des Handelns allgemein.

Schopenhauer vernachlässigt den Unterschied zwischen Handeln und Unterlassen und die Tatsache, dass es auch Handlungen gibt, die keine Veränderung der äußeren Realität zur Folge haben, sondern einen gegenwärtigen Zustand erhalten wollen. Wenn man z. B. die Leiter festhält, auf der jemand steht, um sie vor einem möglichen Umkippen zu bewahren, ist das eine Handlung, obwohl sich die äußere Realität nicht ändert. Das zeigt, dass es Handlungen gibt, die

---

3   A. a. O., S. 19.
4   G, S. 34.

keine äußere Veränderung anzeigen, die aber dennoch Handlungen sind.

Schopenhauer geht davon aus, dass es, wenn es keine Veränderung gibt, a priori auch keine Frage nach der Ursache eines gegenwärtigen Zustandes geben kann, denn es gäbe keinen Grund a priori, vom Vorhandensein eines Dinges, z. B. eines Zustandes von Materie, auf dessen vorheriges Nichtvorhandensein zu schließen. Die Frage nach der Ursache eines statischen Zustandes sei erst a posteriori vermittelt, aus früherer Erfahrung.[5] Wahrscheinlich sind wegen dieses Kausalitätskonzeptes, das schon in seiner Doktorarbeit ausgeführt ist und später für seine gesamte Philosophie relevant wird, auch in Bezug auf das menschliche Handeln Unterlassungen und solche Handlungen, die keine Veränderungen anzeigen, aus seinem Blickfeld verschwunden.

Das Motiv einer Handlung ist immer ein Leiden, auch ein mögliches oder erwartetes Leiden. Handlungen zielen darauf ab, eigenes Leiden zu verhindern, und sind daher im Allgemeinen egoistisch. Davon abgesehen gibt es aber moralische Handlungen, in denen der Egoismus überwunden wird. Wie ich später noch ausführlicher erläutern werde, beruht Schopenhauers Ethik auf dem Mitleid mit anderen Wesen und damit auf einer Überwindung des Egoismus. Daher ist eine Handlung nur dann ethisch relevant, wenn andere empfindungsfähige Wesen[6] von den Folgen der Handlung direkt oder indirekt betroffen sind. Wenn eine Handlung den Willen eines anderen Wesen nicht nur nicht verneint, sondern sogar fördert, ist sie eine moralisch gute Handlung. Es macht ethisch gesehen keinen Unterschied, was für Folgen das Handeln für einen selbst hat. Ob es dem Handelnden selbst nützt oder schadet, ist gleichgültig, so weit niemand außer ihm von den Folgen seines Handelns betroffen ist. Erst wenn

---

5   W II, S. 49.
6   Es ist Schopenhauer sehr wichtig zu betonen, dass auch Tieren gegenüber moralisches Handeln geboten ist. E II, S. 238 - 245.

ein anderer ins Spiel kommt, dem man - aus dessen Sicht - Gutes oder Schlechtes tun kann, ist die Ethik gefragt.

2.2. Wollen, Wille und Erkenntnis des Willens

Schopenhauer ist davon überzeugt, dass erst mit einer Handlung die Entscheidung zu dieser Handlung getroffen wird. Bewusste Entscheidungen, wie sie unserem Alltagsverständnis entsprechen, sind also für Schopenhauer in Wirklichkeit keine Entscheidungen. Erst mit der Tat und ebenso mit der Unterlassung in dem Moment, in dem man etwas hätte tun können, wird klar, was man gewollt hat. Vorher weiß man es nicht. Erst der Vollzug einer Handlung – oder ihr Nichtvollzug – ist die Entscheidung.

Wollen ist vom Wünschen zu unterscheiden: Wünschen kann man mehreres, auch Entgegengesetztes, aber nur eines wollen, nämlich das, was man tut. Der Intellekt erfährt die Beschlüsse des Willens erst a posteriori, durch die Erfahrung. Er weiß vorher nicht, wie sich der Wille entscheiden wird.[7] Vorher, auch wenn man subjektiv der Meinung ist, dass man sich zu einer Handlung bereits entschieden hat, kann der Entschluß noch immer verändert werden.

Der Wille ist in Schopenhauers Philosophie ein zentraler Begriff. Das Wort „Wille" steht für mehr als bloß das Wollen eines menschlichen Individuums. Im Bereich der anorganischen Körper nennt Schopenhauer diese Kraft „Qualität" oder „Naturkraft", im Bereich der Pflanzen „Lebenskraft" und beim Menschen und Tier ist es der Wille - aber das Wort „Wille" ist bei Schopenhauer gleichzeitig der Oberbegriff für all diese Phänomene. Die ganze Welt ist nichts als Wille und Vorstellung. Die Vorstellung ist die empirisch wahrnehmbare Realität. Der Wille ist dasjenige, das der gesamten Welt der Vorstellung zu Grunde liegt, aber nicht erkennbar oder sinnlich wahrnehmbar ist. Für Schopenhauer ist er das Ding

---

7   W I, S. 342 f.

an sich im Sinne Kants. Kant hatte das Ding an sich nicht näher bestimmt; Schopenhauer erkennt es als den Willen. Wollen - das individuelle menschliche Wollen - lässt sich nicht weiter definieren, sondern ist uns unmittelbar gegeben. Es ist die unmittelbarste der menschlichen Erkenntnisse, die sogar noch auf andere, mittelbare Erkenntnisse Licht werfen kann. Wir erfahren vom Vorhandensein unseres Willens durch den inneren Sinn, das Selbstbewusstsein. Der Wille ist vor dem Selbstbewusstsein da, ist also unbewusst. Er ist das eigentliche Selbst, der Kern unseres Wesens.[8] Die Erkenntnis ist etwas Sekundäres, ein bloßes Werkzeug des Willens, da der Mensch mit seinen vielfältigen und komplizierten Bedürfnissen diese besser befriedigen kann, wenn er bewusste Erkenntnis besitzt.[9] Pflanzen benötigen kein Erkenntnisvermögen, da sie ihre Bedürfnisse auch ohne dieses befriedigen können. Zum Wollen ist es nicht notwendig, einen Intellekt zu haben. So ist es auch zu erklären, dass sich der Wille des einzelnen Menschen zuerst durch die Handlung äußert, bevor er erkannt wird. Es gibt keine andere Möglichkeit für den Intellekt, vom jeweiligen Willen zu erfahren, als die Entscheidung des Willens, welche gleichzeitig mit der Handlung getroffen wird.

2.3. Freiheitsbegriffe

Für das Verständnis von Schopenhauers Vorstellung von der Freiheit ist vor allem seine *Preisschrift über die Freiheit des Willens* relevant. Schopenhauer definiert dort Freiheit als negativen Begriff, nämlich als Abwesenheit von Hindernissen. Wie ein Hindernis auch immer beschaffen sei, immer sei es der Wille, der behindert werde. Deshalb habe man den Begriff von der positiven Seite gefasst und spräche dann von Freiheit, wenn der Wille nicht behindert wird.[10]

---

8 E I, S. 21.
9 E I, S. 31.
10 E I, S. 3 f.

Nach Schopenhauer gibt es drei Arten von Freiheit: die physische, die intellektuelle und die moralische Freiheit. Physische Freiheit ist die Abwesenheit materieller Hindernisse. Physisch frei sind Tiere oder Menschen dann, wenn ihre Handlungen „ihrem Willen gemäß vor sich gehen".[11] Dies sei der ursprünglichste Freiheitsbegriff, der stets durch die Erfahrung bestätigt werde, weshalb es über ihn keine Zweifel oder Kontroversen geben könne. Auch die politische Freiheit zählt Schopenhauer dazu, da man politische Unfreiheit als Androhung physischer Unfreiheit betrachten kann.[12]

Als mit der physischen Freiheit verwandte Freiheitsart betrachtet Schopenhauer die intellektuelle Freiheit. Dabei geht es um die Abwesenheit von Hindernissen, die auf den Intellekt, das Erkenntnisvermögen, wirken. Da dieser das Medium der Motive ist, durch welches sie auf den Willen des Menschen wirken, ist der Mensch nur dann frei, wenn der Intellekt normal funktioniert und so die Motive unverfälscht auf den Charakter des Menschen wirken können. Hindernisse dieser Art von Freiheit können „Wahnsinn, Delirium, Paroxysmus und Schlaftrunkenheit"[13] sein. Dann ist das Erkenntnisvermögen auf Dauer oder vorübergehend zerrüttet. Außerdem können äußere Umstände die Auffassung der Motive verfälschen, was bei einem Irrtum der Fall ist. Hier ist die intellektuelle Freiheit ganz aufgehoben. Sie kann aber auch vermindert sein, z. B. im Affekt und im Rausch, was sich auch in der juristischen Beurteilung von unter solchen Umständen begangenen Verbrechen widerspiegelt.[14]

Die beiden genannten Freiheitsbegriffe kommen in der *Preisschrift über die Freiheit des Willens* nur am Rande vor. Das eigentliche Thema ist die von Schopenhauer so genannte moralische Freiheit. Dies ist die eigentliche Willensfreiheit, das *liberum arbitrium* der Scholastik. Kant definierte die Willens-

---

11   E I, S. 4.
12   Siehe WEIMER, Wolfgang: Schopenhauer. Darmstadt 1982, S. 103 f.
13   A. a. O., S. 245.
14   A. a. O., S. 245 - 247.

freiheit als das Vermögen, eine Reihe von Veränderungen *von selbst* anzufangen.[15] Schopenhauer interpretiert dieses „von selbst" in der Bedeutung von „ohne vorhergegangene Ursache", was für ihn identisch mit „ohne Notwendigkeit" ist. Ein freier Wille wäre durch keinen Grund, also durch gar nichts bestimmt. Diesen Begriff können wir nicht denken, „weil der Satz von Grunde [...] die wesentliche Form unseres gesamten Erkenntnisvermögens ist, hier aber aufgegeben werden soll"[16]. Wenn die Freiheit besagt, dass etwas ohne Grund anfängt, dass also das Gesetz der Kausalität für sie nicht gilt, kann man sie nicht logisch begründen und muss sie fallenlassen. Also folgt aus Schopenhauers Freiheitsbegriff beinahe zwangsläufig die Konsequenz, dass es keine Freiheit gibt.

2.4. Kausalität und Determinismus

Schopenhauers Kausalitätsbegriff ist für seine gesamte Philosophie relevant, und das ist gar nicht anders denkbar, wenn man seine Erkenntnistheorie betrachtet. Kausalität ist für Schopenhauer neben Zeit und Raum eine der Formen des menschlichen Verstandes, ohne die uns keine Erkenntnis möglich ist. Die Frage nach dem Warum, nach dem Grund ist uns a priori gegeben, und wir können uns nichts denken, das keinen Grund hat. Deshalb kann es nichts geben, das „von selbst" anfängt, also auch keine Willensfreiheit.

Schon in Schopenhauers Doktorarbeit *Über die vierfache Wurzel des Satzes vom zureichenden Grunde* fällt auf, dass das Gesetz der Kausalität ohne Ausnahme für menschliches Handeln gelten soll. Dieser Gedanke wird in der *Preisschrift über die Freiheit des Willens* weiter ausgeführt.

---

15 „Dagegen verstehe ich unter Freiheit, im kosmologischen Verstande, das Vermögen, einen Zustand *von selbst* anzufangen, deren Kausalität also nicht nach dem Naturgesetze wiederum unter einer anderen Ursache steht, welche sie der Zeit nach bestimmte." KrV, S. 488.

16 E I, S. 9.

Nach Schopenhauers Stufenordnung der Ursachen gibt es die Ursache im engeren Sinne, den Reiz und das Motiv. Obwohl sie verschieden sind, ziehen alle drei mit gleicher Notwendigkeit ihre Folgen nach sich.

Die Ursachen im engeren Sinne gelten für die Veränderungen an leblosen, anorganischen Körpern. Es sind diejenigen, die Thema von Mechanik, Physik und Chemie sind, allgemein ausgedrückt, der Naturwissenschaften. In diesem Bereich gilt das dritte Newtonsche Grundgesetz, das besagt, dass Ursache und Wirkung einander in der Größe gleich sind. Das Bestimmtwerden durch Ursachen dieser Art ist das wesentliche Merkmal anorganischer Körper.

Der Reiz beherrscht die Welt der Pflanzen und den Teil des Lebens der Tiere, der nicht bewusst vor sich geht. Auf diese Weise wirken Licht, Wärme, Luft, Nahrung, Berührung und Befruchtung auf den pflanzlichen oder tierischen Organismus und, als besonders anschauliches Beispiel, Arzneimittel und Drogen auf den Menschen. Hier sind die Intensität der Wirkung und der Ursache einander nicht gleich. Bei Verstärkung der Ursache kann die Wirkung auch in ihr Gegenteil umschlagen, wenn ein bestimmter Punkt überschritten wird. Eine Pflanze geht z. B. ein, wenn sie zu viel Wasser bekommt. Wein und Opium können „unsere Geisteskräfte anspannen und beträchtlich erhöhen: wird aber das rechte Maß des Reizes überschritten; so wird der Erfolg gerade der entgegengesetzte sein"[17].

Tiere und Menschen haben einen Intellekt, d. h. ein Vorstellungsvermögen. Deshalb sind sie für Motive empfänglich. Motive sind Vorstellungen, die sich dem Selbstbewusstsein als Antrieb zu Handlungen darbieten. Die Motivation ist die „durch das Erkennen hindurchgehende Kausalität"[18]. Das Tier ist nach Schopenhauer geradezu als Wesen zu definie-

---

17 E I, S. 31.
18 E I, S. 31.

ren, „was erkennt", keine andere Definition träfe das Wesentliche.[19]

Wir sehen die physikalischen und chemischen Vorgänge immer nur von außen und verstehen sie nicht bis ins Detail. Wir schreiben die Ursachen den Eigenschaften der Körper und den Naturkräften zu, über diese selbst wissen wir jedoch gar nichts. Dagegen kennen wir die Vorgänge der Motivation aus unserer eigenen, an uns selbst gemachten inneren Erfahrung. Wenn wir von uns auf andere schließen, wissen wir, dass die Handlungen der Tiere und Menschen aus einem Willensakt hervorgehen, der durch ein Motiv verursacht wird, das in einer Vorstellung besteht.[20]

Ursache und Wirkung werden immer heterogener, je höher man in der Stufenfolge der Naturwesen kommt, und ihr Zusammenhang wird immer unverständlicher, da sich die Ursache weniger materiell und offensichtlich zeigt. Ursache und Wirkung sind beim Tier keinesfalls der Größe nach proportional zueinander, sondern können extrem verschieden sein. Die Ursache braucht keine Berührung mit dem Organismus zu haben, um zu wirken, und sie hat kein vorherbestimmtes Verhältnis zur Dauer oder Intensität, wie bei der Pflanze. Das Motiv muss nur einmal wahrgenommen werden, dann wirkt es auf ganz gleiche Weise.

Den Vorteil der Fähigkeit, auf Motive zu reagieren, sieht Schopenhauer darin, dass das Tier die Mittel zur Befriedigung seiner Bedürfnisse aktiv aufsuchen kann und nicht darauf angewiesen ist, einen Reiz abzuwarten. Das Auftreten der Motivation war auf dieser Stufe der Objektivation des Willens nötig, da das Tier kompliziertere und vielfältigere Bedürfnisse hat als die Pflanze.[21]

Der Intellekt des Menschen ist doppelt: Der Mensch hat nicht nur den Verstand wie das Tier, er verfügt also nicht nur über anschauliche Erkenntnis, sondern darüber hinaus hat er Ver-

---

19 G, S. 47.
20 G, S. 144 f.
21 E I, S. 31.

nunft, d. h. abstrakte Erkenntnis. Er kann Begriffe, also nichtanschauliche, abstrakte, allgemeine Vorstellungen bilden. Schopenhauer nennt diese auch „Inbegriffe der Dinge"[22]. Jeder von ihnen fasst viele einzelne anschauliche Dinge in einem Wort zusammen. Die Operation mit Worten und Begriffen ist das, was man „denken" nennt. Der Mensch ist nicht an die Gegenwart gebunden wie die Tiere, und er ist empfänglich für abstrakte Motive, die aus bloßen Begriffen bestehen. Diese Fähigkeit verleiht dem Menschenleben allerhand Vorzüge, z. B. „Sprache, Besonnenheit, Rückblick auf das Vergangene, Sorge für das Künftige, Absicht, Vorsatz, planmäßiges, gemeinsames Handeln vieler, Staat, Wissenschaften, Künste".[23]

Beim Menschen wie beim Tier wirkt ein Motiv auf den Willen. Dadurch wird das Handeln ohne Ausnahme kausal determiniert. „Alle Motive [...] sind Ursachen, und alle Kausalität führt Notwendigkeit mit sich."[24]

Der Mensch ist dem Tier gegenüber nur relativ frei. Er hat durch die abstrakte Erkenntnis eine viel größere Sphäre der Einwirkung von Motiven, die auf den Willen wirken können, und deshalb mehr Wahlmöglichkeiten als das Tier. Was sein Handeln bestimmt, ist nicht auf das Gegenwärtige beschränkt, sondern er kann seine Motive in Form von Gedanken ständig mit sich herum tragen. Der Mensch kann überlegen, d. h. sich die Motive, deren Einfluss auf seinen Willen er spürt, abwechselnd vergegenwärtigen und sie jeweils seinem Willen zur Prüfung vorhalten. Das heißt aber nicht, dass daraus eine absolute Freiheit folgt, die durch nichts verursacht wird. Die Art der Motivation ist nur eine andere als die in der Welt der mechanischen Ursachen herrschende, die Notwendigkeit der Wirkung der Motive wird dadurch nicht geringer. Der Gedanke, das abstrakte Motiv als äußere, auf den Willen einwirkende Ursache, ist eine Ursache wie jede ande-

---

22   E I, S. 34.
23   E I, S. 34.
24   E I, S. 35.

re. Der so oft als Beleg für die Freiheit angeführte Konflikt der Motive ist für Schopenhauer unproblematisch und fügt sich in das bisher Gesagte ein: Das Bewusstsein wird zum Kampfplatz der Motive, die alle ihre Kraft auf den Willen ausüben; am Ende wird aber der Entschluß zugunsten des stärksten Motivs getroffen, und zwar mit Notwendigkeit. Schopenhauer vergleicht den Menschen in dieser Situation mit einem Körper, der verschiedenen, in entgegengesetzte Richtungen wirkenden Kräften ausgesetzt ist und abwechselnd in unterschiedliche Richtungen schwankt, bevor er - notwendig – zu einer Seite hin umfällt.[25] Der Beobachter mag z. B. sagen, dass eine Stange nach der rechten oder linken Seite umfallen kann, aber dieses „kann" ist rein subjektiv, nach der Kenntnis der Daten, die er zu dem Ereignis hat. Objektiv gesehen ist die Fallrichtung vorherbestimmt. Ebenso ist die Entscheidung zur Handlung bloß für den eigenen Intellekt, das Subjekt des Erkennens, nicht determiniert. Der Intellekt ist hier vergleichbar mit dem Zuschauer aus dem oben genannten Beispiel. An sich selbst und objektiv ist die Entscheidung determiniert und notwendig. Die Determination kommt aber erst durch die erfolgte Entscheidung, durch die Tat, ins Bewusstsein.

Der Intellekt kann bei einer Wahlentscheidung nichts weiter tun, als die verschiedenen Motive zu entfalten und sie dem Willen vorhalten. Die Entscheidung selbst muss er passiv abwarten. [26]

Wie ernst Schopenhauer es mit der Determiniertheit des menschlichen Handelns und aller weiteren Lebensäußerungen meint, sieht man am deutlichsten im Kapitel *Über die Gedankenassoziation* im zweiten Band seines Hauptwerks: "Die Gegenwart der Vorstellungen und Gedanken in unserm Bewußtsein ist dem Satze vom Grund, in seinen verschiedenen Gestalten, so streng unterworfen, wie die Bewegung der Körper dem Gesetze der Kausalität. So wenig ein Körper oh-

---

25   E I, S. 36.
26   W I, S. 343 f.

ne Ursache in Bewegung geraten kann, ist es möglich, daß ein Gedanke ohne Anlaß ins Bewußtsein trete." [27] Dieser Anlass muss entweder ein äußerer sein, also ein Eindruck auf die Sinne, was zu einer anschaulichen Vorstellung führt, oder ein innerer, selbst ein Gedanke, der durch die Assoziation einen anderen herbeiführt. Dies geschieht entweder durch ein Verhältnis von Grund und Folge, oder durch Ähnlichkeit, manchmal bloße Analogie, oder durch Gleichzeitigkeit ihrer ersten Auffassung, die ihren Grund in der räumlichen Nachbarschaft ihrer Gegenstände haben kann. So braucht jeder Gedanke einen Anlass, um zu erscheinen. Scheinbar gibt es zwar Fälle, die eine Ausnahme bilden, wo ein Gedanke oder ein Fantasiebild plötzlich und ohne bewussten Anlass ins Bewusstsein kommt. Schopenhauer glaubt aber, dass dies auf einer Täuschung beruht. Der Anlass sei so gering, der Gedanke selbst aber erscheine als so interessant, dass der Anlass sofort aus dem Bewusstsein verschwinden würde. Ein Teil dieser plötzlich auftretenden Vorstellungen werde durch innere körperliche Eindrücke verursacht, z. B. von Teilen des Gehirns aufeinander oder des Nervensystems auf das Gehirn. Hier kommt Schopenhauers Vorstellung vom Unbewussten ins Spiel. Er glaubt, dass die Verarbeitung eines großen Teils der äußeren Eindrücke und deren Umformung in Gedanken unbewusst geschehe, weshalb man sich darüber keine Rechenschaft geben könnte. „Das Bewusstsein ist die bloße Oberfläche unsers Geistes, von welchem, wie vom Erdkörper, wir nicht das Innere, sondern nur die Schale kennen." [28] Ebenso vergleicht Schopenhauer unser Bewusstsein mit einem tiefen Gewässer, von dem das Bewusstsein nur die Oberfläche bildet, von dem der darunter liegende, größte Teil uns jedoch unbekannt ist. Dort ist also vieles vorhanden, von dem wir nichts wissen; was davon jedoch an die Oberfläche des Bewusstseins steigt, wird durch die oben genannten Gesetze der Gedankenassoziation bestimmt. Diesem liegt der Wille des Individuums zu Grun-

---

27 W II, S. 145 – 149.
28 W II, S. 149.

de. Ihm kommt nur das zu Bewusstsein, was ihm nützt. Der Intellekt ist für Schopenhauer nur der Diener des Willens. Der Wille treibt den Menschen zum Denken an, damit er möglichst orientiert und auf alle Fälle vorbereitet ist. Auch hier geht es, wie bereits oben für das Tier im Unterschied zur Pflanze gesagt wurde, um eine bessere Möglichkeit der Befriedigung der Bedürfnisse des Individuums, die auf dieser höheren Stufe der Naturwesen nötig geworden ist.

Das Gesetz der Motivation ist diejenige Gestalt des Satzes vom Grunde, die für die Gedankenassoziation gilt. Kausalität beherrscht also alle menschlichen Regungen, alle Gedanken haben eine zureichende Ursache, und Freiheit sucht man auch im Kleinsten und Unbedeutendsten vergeblich.

Die Erklärung aus Ursachen ist allerdings nie erschöpfend, sondern weist zurück auf Naturkräfte, deren Wesen der Wille als Ding an sich ist. Diesen kann man nicht weiter erklären oder aus Ursachen herleiten.

Man kann einwenden, dass einige Ergebnisse der modernen Physik dem widersprechen, dass der Satz vom Grunde ausnahmslos gelten muss. Vollmer[29] weist darauf hin, dass es in der modernen Physik den von Schopenhauer geleugneten absoluten Zufall im Sinne von Ereignissen ohne Ursache doch gibt. Viele Quantenereignisse seien in diesem Sinne zufällig, da sie keine Ursache zu haben scheinen. Wann ein bestimmtes isoliertes Neutron zerfalle, sei in keiner Weise festgelegt. Wann ein angeregtes Atom unter Aussendung eines Photons in den Grundzustand übergehen wird, können wir nach Vollmer nicht wissen, und das Atom selbst kann es auch nicht „wissen", sein innerer Zustand legt den Zeitpunkt des Zerfalls in keiner Weise fest.

Was folgt nun aus der Existenz von ursachenlosen Ereignissen? Es ist meiner Ansicht nach fragwürdig, ob man Ereignisse, die im Quantenbereich stattfinden, ohne weiteres auf

---

29 VOLLMER, Gerhard: Schopenhauer als Determinist. In: Spierling, Volker (Hg.): Schopenhauer im Denken der Gegenwart. 23 Beiträge zu seiner Aktualität. München 1987, S. 171 - 174.

makroskopische Ereignisse und auf Ereignisse, die in der menschlichen Psyche stattfinden, übertragen kann. Bezüglich der Ereignisse im Bereich über Atomgröße meint der Atomphysiker Oppenheimer: „Aber wo die Vorgänge groß sind im Vergleich zum Wirkungsquantum, gelten die klassischen Gesetze Newtons [...] In diesem Fall führen die statistischen Gesetze der Atomphysik zu Wahrscheinlichkeiten, die mehr und mehr Gewißheiten gleichkommen, und die akausalen Züge der Atomtheorie sind ohne Bedeutung."[30] Es ist auch ganz sicher nicht so, dass aus der Existenz ursachenloser Ereignisse in einzelnen Atomen die Existenz des absoluten Zufalls im Bereich des menschlichen Willens, also eine absolute Willensfreiheit, folgen muss. Man kann einen Zusammenhang im Verhalten von Quanten und dem menschlichen Handeln weder beweisen noch widerlegen.

Birnbacher[31] betont die Vorteile des Determinismus. Es erscheine diffus bedrohlich, keine Willensfreiheit zu haben, aber der Determinismus sei kein Fatalismus und behaupte nicht, dass die Zukunft bereits unabhängig von unseren eigenen Willensentscheidungen feststeht. Der wesentliche Unterschied sei, dass die Kausalketten, an denen die Zukunft hängt, zu einem kleinen, aber signifikanten Teil durch die menschlichen Willensentscheidungen hindurch gehen. Nach Birnbachers Ansicht sind die theoretischen Alternativen zum Determinismus nicht attraktiv. Das Gegenteil von Notwendigkeit sei Zufälligkeit, aber es sei viel schwieriger, jemanden für Zufallsereignisse verantwortlich zu machen, als für Willensentscheidungen. Wer sich auf die Quantenphysik beruft, um die Willensfreiheit plausibel zu machen, hätte keinen Vorteil, sondern müsste sich fragen lassen, „was [...] eigentlich wünschenswert an einer Willensentscheidung [ist], die

---

30   Zitiert nach BAUER, Fritz: Schopenhauer und die Strafrechtsproblematik. In: 49. Jb. Frankfurt am Main 1968, S. 16.
31   BIRNBACHER, Dieter: Freiheit durch Selbsterkenntnis. Spinoza, Schopenhauer, Freud. In: 74. Jb. Würzburg 1993, S. 87 – 102.

auf ein einzelnes Atom zurückgeht, das zufällig von seiner Bahn abweicht".[32]

Diese Vorstellung weckt bei mir persönlich keine Assoziation von Freiheit, sondern lässt eher an eine andere Form von Unfreiheit denken. Ob man nun von Quantenbewegungen auf Willensentscheidungen schließen kann, was die Zufälligkeit des Willensaktes belegen würde, sei dahingestellt. Zufälligkeit hat auf jeden Fall mit Freiheit wenig zu tun, kann also nicht als Beweis einer Willensfreiheit gelten.

Moralische Werturteile sind nach Birnbacher sogar mit dem krassesten Fatalismus vereinbar: Dass der eine ein Engel und der andere ein Teufel ist, werde nicht dadurch in Frage gestellt, dass der eine dazu *verdammt* ist, ein Teufel zu sein, und dass der andere damit *gesegnet* ist, ein Engel zu sein. Moralische Zuschreibungen haben aber trotz des Determinismus einen Sinn, denn solange jemand noch vor der Wahl steht, hat es für ihn einen Sinn zu fragen, was er tun soll, und auch für jeden anderen, der den Handelnden durch Kritik, Ermahnung oder Ermutigung beeinflussen kann.[33] Vor der Handlung ist er beeinflussbar, aber hinterher wird der Akteur wissen, welche Ermahnungen seine Einsicht änderten, und welche Motive schließlich (streng kausal!) zu der Handlung geführt haben.

Determination ist für Birnbacher eine notwendige Voraussetzung für Verantwortung. Wenn menschliche Handlungen zufällig wären, gäbe es Probleme bei der Zurechnung. Die Zurechnung selbst sieht Birnbacher nicht als Naturtatsache an. Für ihn ist es ein „Sprachspiel", sich selbst und anderen Verantwortung zuzuschreiben, das dem pragmatischen Zweck diene, bestimmte sozial erwünschte Bewusstseins- und Verhaltensänderungen herbeizuführen bzw. zu unterstützen.[34]

---

32 A. a. O., S. 90.
33 A. a. O.
34 A. a. O., S. 91 f.

Kausale Notwendigkeit ist für Birnbacher die Vorbedingung für Freiheit und Verantwortlichkeit, sowohl im üblichen Sinne als auch für die Freiheit als Ziel der Psychoanalyse, die im spätantiken Sinne eine Anleitung zu einem guten, d. h. erfüllten oder gelingenden Leben sein will. Sie führt zu einem Zuwachs an innerer Freiheit durch die Einsicht in die Notwendigkeit. Freiheit gilt danach als Ideal: als innere Souveränität des Ichs gegenüber den eigenen bewussten und unbewussten Motiven und Triebansprüchen. Selbstbefreiung ist möglich durch Selbsterkenntnis.[35]

2.5. Die Täuschung der Freiheit

Ein nicht philosophisch gebildeter Mensch neigt Schopenhauers Ansicht nach dazu, seinen Willen für absolut frei zu halten. Sein Selbstbewusstsein, sein innerer Sinn hält ihm die einzige ihm mögliche Einsicht vor, nämlich „ich kann tun was ich will", es zeigt aber nicht, daß dieses „ich will" durch Ursachen bedingt ist, da es weiter nichts erkennen kann als den Willen des Individuums selbst. Der Wille ist das einzige uns unmittelbar gegebene Objekt, alles andere wird durch die äußeren Sinne vermittelt. Oft wird das „Ich will" des Selbstbewusstseins falsch interpretiert, als absolute Freiheit, wo es doch nur eine physische Freiheit bedeutet. So hält sich der philosophisch nicht gebildete Mensch für frei, ohne es tatsächlich zu sein. Schopenhauer erklärt diese verbreitete Täuschung durch ein anschauliches Beispiel, das ich hier wiedergebe:

> Um die Entstehung dieses für unser Thema so wichtigen Irrtums speziell und aufs deutlichste zu erläutern und dadurch die im vorigen Abschnitt angestellte Untersuchung des Selbstbewußtseins zu ergänzen, wollen wir uns einen Menschen denken, der, etwa auf der Gasse stehend, zu sich sagte: „Es ist 6 Uhr Abends, die Tagesarbeit ist beendigt. Ich kann jetzt einen Spaziergang machen; oder ich kann in den

---

35   A. a. O., S. 92.

Klub gehn; ich kann auch auf den Turm steigen, die Sonne untergehn zu sehn; ich kann auch diesen, oder jenen Freund besuchen; ja, ich kann auch zum Tor hinauslaufen, in die weite Welt, und nie wiederkommen. Das Alles steht allein bei mir, ich habe völlige Freiheit dazu; tue jedoch davon jetzt nichts, sondern gehe ebenso freiwillig nach Hause, zu meiner Frau." Das ist gerade so, als wenn das Wasser spräche: „Ich kann hohe Wellen schlagen (ja! nämlich im Meer und Sturm), ich kann reißend hinabeilen (ja! nämlich im Bette des Stroms), ich kann schäumend und sprudelnd hinunterstürzen (ja! nämlich im Wasserfall), ich kann frei als Strahl in die Luft steigen (ja! nämlich im Springbrunnen), ich kann endlich gar verkochen und verschwinden (ja! bei 80° Wärme[36]); tue jedoch von dem allen jetzt nichts, sondern bleibe freiwillig, ruhig und klar im spiegelnden Teiche." [37]

Schopenhauer will zeigen, dass der Mensch eine bestimmte Handlung nur dann vollziehen kann, wenn die Umstände eintreten, die ihn dazu in Bewegung setzen. Wenn die Ursachen nicht da sind, ist es ihm unmöglich. Wenn sie aber eintreten, muss er es tun. Der Grund für die Täuschung der Willensfreiheit liegt Schopenhauer zufolge darin, dass der Mensch in seiner Fantasie zu einem bestimmten Zeitpunkt nur ein Bild gegenwärtig haben kann. Für diesen Moment sind alle anderen Bilder ausgeschlossen. Wenn er sich ein Motiv zu einer Handlung vorstellt, spürt er dessen Wirkung auf seinen Willen, so dass er meint, er könnte auch danach handeln. Dies ist aber eine Täuschung, denn es muss notwendig die Besonnenheit eintreten und ihm die entgegenstehenden Motive in Erinnerung bringen, worauf er sehen kann, dass es nicht zur Tat kommt. Es ist also nicht so, dass der Wille irgendwie unbewusst steuert, zu welcher Handlung es kommt, sondern er sorgt dafür, dass die ihm nützlichen Gedanken dem Handelnden zu Bewusstsein kommen müssen. Nicht umsonst weist Schopenhauer auf die intellektuelle Unfreiheit hin, die dann gegeben ist, wenn dem betreffenden

---

36 Grad Reaumur, siehe WEIMER 1982, S. 107.
37 E I, S. 42.

Menschen momentan oder dauerhaft die Fähigkeit zur Besonnenheit fehlt.

Der Satz „ich kann dies wollen" ist Schopenhauer zufolge hypothetisch; es kommt immer noch das „wenn ich nicht lieber etwas anderes wollte" dazu, welches das Wollenkönnen aufhebt.[38] Ich erinnere noch einmal daran, dass es einen Unterschied zwischen Wünschen und Wollen gibt. Wünschen kann man Entgegengesetztes, Wollen aber nur Eines, und welches dies ist, offenbart auch dem Selbstbewusstsein erst die Tat.[39]

Man kann mit dem Mann aus Schopenhauers Beispiel einwenden, dass er auch anders handeln könnte, um demjenigen, der gerade seine Freiheit bestreitet, zu beweisen, dass er doch frei ist. Dann ist aber nach Schopenhauer eben die Absicht des Beweises das zureichende Motiv der Handlung, und es wird klar, dass auch in diesem Fall alles kausal bestimmt wird. Es wäre zwar möglich, den Mann auf diese Weise zu einer der leichteren Handlungen zu bewegen, z. B. ins Theater zu gehen, aber niemals, aus der Stadt hinaus zu gehen und nie wieder zu kommen. Dazu wäre das Motiv nicht stark genug. Ebenso ist es unmöglich, sich mit einer geladenen Pistole zu erschießen, wenn das Motiv dazu fehlt. Das wenigste gehört zur mechanischen Ausführung der Handlung. Wenn das Motiv fehlt, ist es unmöglich, die Handlung zu vollziehen. In diesem Fall muss es ein äußerst starkes Motiv sein, das die Angst vor dem Tod überwinden kann. Erst wenn es ein solches gibt, kann man die Handlung begehen und muss es dann auch.[40]

Ludwig Fulda[41] illustriert Schopenhauers Gedanken von der Täuschung der Willensfreiheit durch das in Bezug auf Willensentscheidungen benutzte Wort „abwägen", das bei ihm

---

38 E I, S. 43.
39 E I, S. 17.
40 E I, S. 43.
41 FULDA, Ludwig: Schopenhauer und das Problem der Willensfreiheit. In: 19. Jb. Heidelberg 1932, S. 115 – 138, Zitat auf S. 119.

sinnbildlich für eine „Willenswaage" steht, deren Gewichte die Motive sind. Genauso wie ein Gewicht von einer bestimmten Schwere notwendig die eine oder die andere der Waagschalen nach unten sinken lässt, genauso notwendig müsse sich auch der Wille bei gegebenen Motiven entscheiden. Es sei vor der Entscheidung jederzeit möglich, neue Gewichte auf die Waagschalen zu legen und eine der Waagschalen schwerer zu machen. Es sei möglich, den Willen durch Gegengewichte (also Gegenmotive) zu beeinflussen. Als Beispiel nennt Fulda das bereits oben im Schopenhauer-Zitat genannte Motiv, das daraus entspringt, dass dem Wählenden die Wahlfreiheit abgesprochen wird. Das Motiv, dass er beweisen möchte, dass er doch frei ist, ist ein sehr schwaches „künstliches Gegengewicht", das die Motive, die gegen die folgenschwere Handlung, in die weite Welt gehen, auf der Waagschale liegen, nicht überwiegen kann.

Um Experimente mit der „Willenswaage" zu machen, ist es nach Fulda besonders nützlich, die Schwere der Gewichte in Zahlen angeben zu können, wozu sich Geld eignet. Auch Schopenhauer sagte schon: „Wer mit 10 Dukaten nicht zu bestechen ist, aber wankt, wird es mit 100 sein."[42] Nach Fulda sind aber auf der Geldseite auch oft moralische Motive zu finden, wenn z. B. jemand für kranke Angehörige Geld braucht.

Wenn die Willenswaage schwankt, das heißt wenn auf beiden Seiten die Gewichte ähnlich schwer sind, kommt es zur Unentschlossenheit. Der Wille muss dann zusehen, bis das Schwanken der Gewichte beendet ist. Er kann es nicht willkürlich, durch freien Entschluss beenden. So ergibt sich bei Fulda die Frage, ob es zur Entschlussunfähigkeit kommt, wenn die Gewichte auf beiden Seiten der Willenswaage genau gleich sind. Schopenhauer nahm dieses Problem nicht recht ernst, führte aber zur Verdeutlichung das Sophisma von Buridans Esel an, das bei Dante mit gleichem Inhalt, aber

---

42 Zitiert nach FULDA, S. 121.

mit Menschen statt Eseln vorkommt und auf Aristoteles zurückgeht:[43]

> *Gleich nah zwei Bissen, gleich verlockt von beiden,*
> *Stirbt Hungers, eh er einen führt zum Mund,*
> *Ein Menschenkind, das frei, sich zu entscheiden.*[44]

Ludwig Fulda löst die Frage so: Wenn der Hungernde beide Speisen mit einem Blick überschauen kann, sind sie für seinen Willen keine gegensätzliche Zweiheit, sondern eine Einheit. Er schwankt daher ebenso wenig, wie man schwankt, von welcher Seite man einen Apfel anbeißen soll. Wenn er nur abwechselnd eine der beiden Speisen ins Auge fassen kann, gibt es Fuldas Ansicht nach einen kritischen Moment, in dem der Hunger ihn daran hindert, länger hin und her zu schauen, so dass er die Speise nimmt, die er in dem Moment im Blick hat. Dieser Blick bedeutet dann ein vorher nicht da gewesenes Zusatzgewicht auf der Waagschale und führt eine Entscheidung mit Notwendigkeit herbei.[45]

Meiner Meinung nach ist Fuldas Darstellung überzeugend, denn es ist sehr unwahrscheinlich, dass jemand dauernd vor zwei gleichermaßen gewünschten Dingen untätig bleibt. Er wird sicher einige Augenblicke oder auch länger abwägen, so dass es aussieht, als sei er entscheidungsunfähig, aber auf Dauer wird sich der Mensch eher für etwas von dem entscheiden, was er wünscht, als für gar nichts davon. Davon abgesehen ist ja auch eine Unterlassung eine Entscheidung. Es ist durchaus plausibel, dass es in einem bestimmten kritischen Moment, in dem sich der Mensch von einer anschaulichen Vorstellung zur Handlung bewegen lässt, zu einer Entscheidung für eines der gewünschten Dinge kommt. Damit stimmt Schopenhauers Ansicht überein, dass anschauliche Vorstellungen als Motive mehr vermögen als abstrakte, und dass der Mensch eher nach den Motiven handelt, die ihm ge-

---

43   E I, S. 58 f.
44   DANTE: Die Göttliche Komödie. Frankfurt am Main 1974, S. 320.
45   FULDA, S. 122 f.

rade gegenwärtig sind, als nach Motiven, die ihm in der Vergangenheit gegenwärtig waren.

2.6. Der Charakter und die Motive, die auf ihn wirken

Jeder Mensch hat einen angeborenen, unveränderlichen Charakter. Dieser wird durch die Motive, die auf ihn wirken, zwingend in Bewegung gesetzt. Wenn alle Umstände einer Situation vorherbestimmt sind, wozu auch die Kenntnis dieser Umstände gehört, muss die Handlung notwendig eintreten. Daraus folgt auch, dass ein Mensch in zwei Situationen mit völlig gleichen Umständen auch gleich handeln muss. Wenn er nicht gleich handelt, sind eben die Umstände andere gewesen. Es kommt dabei auf jede Kleinigkeit an. Ändern kann sich das Verhalten eines Menschen nur, wenn er zwischen beiden Situationen die Einsicht gewonnen hat, dass er seinen Motiven besser gerecht werden kann, indem er anders handelt. Durch die Einsicht gewinnt er aber auch wieder nur eine relative Freiheit. Alle Gedanken, also auch die, die zur Einsicht und Verhaltensänderung führen, sind ja streng kausal bestimmt, wie im Abschnitt über die Gedankenassoziation (S. 22 - 24) gezeigt wurde.

In seiner *Preisschrift über die Grundlage der Moral* führt Schopenhauer drei Arten von Motiven an, die auf den menschlichen Charakter wirken können.[46] Die Grundtriebfeder von Handlungen überhaupt ist für ihn der Egoismus. Schopenhauer hat einen sehr weiten Begriff davon. Egoismus bedeutet für ihn, das eigene Wohl zu wollen. Auch eine scheinbar altruistische Handlung oder das Unterlassen der Schädigung eines anderen können egoistische Handlungen sein, wenn sie aus Angst vor Strafe oder um die Ehre zu bewahren oder aus Ruhmsucht begangen werden. Daneben gibt es noch eine weitere „antimoralische" Triebfeder, nämlich die Bosheit, die das Leid des anderen will. Diesen beiden steht als moralische Triebfeder das Mitleid gegenüber. Auf die drei Triebfedern

---

46 E II, S. 196 - 212.

Egoismus, Bosheit und Mitleid führt Schopenhauer alle Handlungen zurück. Dabei können auch mehrere Motive zusammen wirken. Von moralischen Handlungen spricht Schopenhauer aber nur dann, wenn sie aus reinem Mitleid geschehen.

Der große Unterschied im moralischen Verhalten der Menschen hat seine Ursache in der unterschiedlichen Empfänglichkeit für Motive, die auf einer der drei Triebfedern menschlicher Handlungen beruhen. „Die drei ethischen Grundtriebfedern des Menschen, Egoismus, Bosheit, Mitleid, sind in Jedem in einem andern und unglaublich verschiedenen Verhältnisse vorhanden. Je nachdem dieses ist, werden die Motive auf ihn wirken und die Handlungen ausfallen. Über einen egoistischen Charakter werden nur egoistische Motive Gewalt haben, und die zum Mitleid, wie die zur Bosheit redenden werden nicht dagegen aufkommen: er wird so wenig sein Interesse opfern, um an seinem Feinde Rache zu nehmen, als um seinem Freunde zu helfen." [47] Nur die Motive wirken auf einen Menschen, die dem Mischungsverhältnis der Triebfedern in seinem angeborenen, unveränderlichen Charakter entsprechen. Für andere Motive ist er nicht empfänglich; sie können ihn nicht zu Handlungen in Bewegung setzen.

Ich meine, dass es fragwürdig ist, einen so starren Charakter anzunehmen, der von Geburt an besteht. Man muss beim Charakter in Betracht ziehen, dass das Milieu einen Einfluss auf die Entwicklung des Charakters hat wie auch die Umstände, unter denen ein Mensch aufwächst. Der Charakter bildet sich nicht von Geburt an völlig unbeeinflusst von äußeren Umständen heraus, wie Schopenhauer den Leser glauben machen will. Es ist in den seltensten Fällen so, dass ein Mensch seinen Charakter unter allen Umständen durchsetzt, sondern das Vorhandensein von Vorbildern trägt dazu bei, wie jemand wird. Ebenso einflussreich sind die Gewohnheit, die aus der Erziehung folgt, und ganz allgemein die Erfah-

---

47 E II, S. 352 f.

rungen, die ein Mensch in seinem Leben macht. So kann es z. B. dazu kommen, dass ein für das Mitleid empfänglicher Charakter durch übermäßiges Leid ein Misstrauen gegenüber anderen Menschen erwirbt und diese schädigt, aus Angst vor eigenem Schaden, den er schon zu oft von seinen Mitmenschen erfahren hat, um noch anderes zu erwarten. Allgemein kann man sagen, dass der Charakter nur zum Teil ein angeborener, individueller ist, dessen typische Züge sich unter allen Umständen ausbilden, wie man es z. B. bei charakterlich verschiedenen, aber unter gleichen Umständen aufgewachsenen Geschwistern beobachten kann. Ebenso kann man jedoch sehen, dass gewisse typische Erfahrungen eines Menschen die Herausbildung bestimmter Eigenschaften begünstigen. Die Erfahrungen eines Menschen tragen zu einem größeren Teil zur Ausbildung eines Charakters bei, als Schopenhauer es erkennen wollte.

Man muss den Determinismus nicht aufgeben, auch wenn man den angeborenen, unveränderlichen Charakter kritisiert. Ein Mensch kann ja trotzdem nicht beliebig derjenige werden, der er sein will. Die Umstände haben einen kausal notwendigen Einfluss auf die Herausbildung seines Charakters. Es ist richtig, dass - je nach den grundlegenden Charakterzügen - gleiche Erfahrungen auf unterschiedliche Menschen verschieden wirken können. Aber je nachdem, welche Erfahrungen ein Mensch macht, werden seine künftigen Verhaltensweisen verändert, deren Summe ja den Charakter bildet. Der Charakter eines Menschen ist ein gewordener und ständig werdender. Aber er ist notwendig so, wie er geworden ist, als Ergebnis des Zusammenwirkens angeborener Eigenschaften und der Erfahrungen, die von außen auf ihn einwirken und ihn prägen.

2.7. Die Folgen des Determinismus für Ethik und Rechtslehre

Den wesentlichen Unterschied von Ethik und Recht scheint mir Deussens Unterscheidung zu fassen: Der Zweck der Gesetzgebung ist der Schutz vor den negativen Folgen einer Handlung für die Gemeinschaft. Die Ethik nimmt die äußeren Handlungen nur als Symptome der Gesinnung wahr und zielt nicht auf äußeren Erfolg, sondern auf die Absicht, den gewollten Zweck der Handlung.[48]

Es gibt bei Schopenhauer das Naturrecht, das von der Existenz von Recht oder Unrecht auch im Naturzustande ausgeht. Diesem entsprechend ist Unrecht ein Einbruch in die Grenze der fremden Willensbejahung.[49] Das Naturrecht oder moralische Recht zeigt sich nach Schopenhauer in der inneren Bedeutung des Handelns an sich, die sich beim Unrecht Tuenden als Gewissensangst und beim Opfer als Schmerz äußert, durch den es fühlt, dass sein Wille verneint wird. Dies ist die Grundlage und der Gehalt von allem, was man als positives Gesetz betrachten kann.[50] Was daraus für konkrete Gesetze folgt, die verschiedene Formen des Unrechts verhindern sollen, ist damit noch nicht gesagt. Die positive Gesetzgebung kann sich nach den Verhältnissen und Umständen eines bestimmten Volkes richten, muss aber im Wesentlichen von der reinen Rechtslehre bestimmt werden. Der Staatsvertrag oder das Gesetz ist dazu da, allen den Schmerz des Unrechtleidens zu ersparen, indem auch alle dem durch das Unrechttun zu erlangenden Genuss entsagen. Für jedes Gesetz muss es einen Grund in der reinen Rechtslehre geben. Erst dann hat der Staat seine moralische Berechtigung.[51]

---

48 DEUSSEN, Paul: Die Elemente der Metaphysik. Leipzig 1913, S. 211.
49 W I, S. 394.
50 W I, S. 402 f.
51 W I, S. 404 - 410.

Schopenhauer meint, wenn das menschliche Handeln determiniert ist, wenn es keine Willensfreiheit gibt und niemand beliebig die Motive seiner Handlungen ändern kann, habe es keinen Sinn, Moral zu predigen. Er spricht sich gegen eine imperative Ethik aus. Stattdessen will er mit seiner Ethik deskriptiv bleiben. Da der menschliche Charakter sich nicht ändert, d. h. da ein Mensch immer für die gleichen Motive empfänglich ist, bleibt nur die Möglichkeit, seine Vorstellung davon zu ändern, wie er seine Motive verwirklichen kann. Er kann nur „gebessert" werden, indem man ihn zu der Einsicht bringt, dass er die Ziele und Zwecke, die sein unveränderlicher, angeborener Charakter will, anders als gewohnt besser erfüllen kann. Wenn man einen egoistischen Menschen zu menschenfreundlichem Handeln bringen will, kann man das nur erreichen, indem man ihm vorspiegelt, dass ihm die Linderung fremder Leiden einen Vorteil bringt. Dadurch wird sein Wille aber nur irre geleitet, nicht gebessert.[52] Es ist unmöglich, die Empfänglichkeit für die Motive zu verändern. Man kann niemanden dazu bringen, dass ihm fremdes Leid nicht mehr gleichgültig ist, oder dass jemandem der Vorteil, den er für sich selbst aus seinen Handlungen zieht, nicht mehr das einzige handlungsbestimmende Motiv ist.

Man kann Schopenhauers Ansicht nach den Menschen zu einer richtigeren Auffassung der wirklichen Lebensverhältnisse bringen. Dadurch erreicht man, dass der Wille sich deutlicher und konsequenter ausspricht. Viele gute Handlungen beruhen, so Schopenhauer, auf falschen Motiven, nämlich auf Vorspiegelungen eines Vorteils, den man entweder in dieser Welt oder im Jenseits erlangen kann. Andererseits beruhen auch viele schlechte Taten auf falscher Erkenntnis der menschlichen Lebensverhältnisse. Wenn man den Menschen zeigt, dass sie durch Änderung ihres Verhaltens die Ziele, die ihr Wille verfolgt, besser erreichen können, kann man sie zu einem besseren, menschenfreundlicheren Verhalten bringen. Man kann z. B. einem Egoisten zeigen, dass er durch das Aufgeben kleiner Vorteile größere erlangen kann. Auf diese

---

52   E II, S. 254.

Weise kann man einen Menschen zwar zu gesetzeskonformem Verhalten bringen, die Moralität seines Handelns bleibt davon jedoch unberührt.

„Durch Motive läßt sich *Legalität* erzwingen, nicht *Moralität*: man kann das *Handeln* umgestalten, nicht aber das eigentliche *Wollen*, welchem allein moralischer Wert zusteht. Man kann nicht das Ziel verändern, dem der Wille zustrebt, sondern nur den Weg, den er dahin einschlägt. Belehrung kann die Wahl der Mittel ändern, nicht aber die der letzten allgemeinen Zwecke: diese setzt jeder Wille sich, seiner ursprünglichen Natur gemäß."[53] Nach den Motiven wird die Moralität einer Handlung beurteilt, und diese kann man niemandem vorschreiben. Entweder jemand handelt aus Mitleid, oder er tut es nicht, weil Mitleid ihm kein Motiv sein kann, da das nicht seinem Charakter entsprechen würde. Der Mensch kann nicht anders handeln, als es seinem Charakter gemäß ist.

So ist auch das Ziel der Strafen nach Schopenhauers Ansicht nicht, den Menschen zu bessern. Im Grunde sollen sie stärkere Gegenmotive zu den jeweiligen Motiven der Verbrechen darstellen. Das Gesetz, d. h. die Androhung der Strafe, ist für ihn nur ein Katalog von Gegenmotiven gegen noch nicht begangene Verbrechen. Wenn das Gesetz im Einzelfall seine Wirkung verfehlt, darf es nicht bei der Drohung bleiben. Die Strafe muss vollzogen werden, sonst würde es in allen weiteren Fällen auch seine Wirkung verfehlen.[54] Das Gesetz ist also nicht für den Verbrecher selbst gedacht, sondern, um allen zukünftigen Verbrechern in der Angst vor der Strafe ein stärkeres Gegenmotiv zu bieten und sie auf diese Weise von der Tat abzuschrecken. Einen anderen Zweck als die Abschreckung möglicher Täter vor dem Begehen von Verbrechen hat die Strafe für Schopenhauer nicht. Die Vergeltung

---

53 E II, S. 255.
54 E I, S. 99, 101.

der begangenen Verbrechen ist für ihn bloße Rache und damit Unrecht.[55]

Foth[56] sieht Schopenhauers Abschreckungsthese als durch die forensische Erfahrung widerlegt an. Nur aus Erfahrung könne man etwas lernen, eine Furcht vor ungewisser Strafe sei nicht ausreichend, um den Täter vom Verbrechen abzuhalten. Die Abschreckung durch Gegenmotive hätte kaum einen Effekt. Es sei viel eher möglich, den Täter durch Erweiterung seiner Einsicht zur Legalität zu befähigen. Da nach Foths Erfahrung in den Gefängnissen vor allem Angehörige der Unterschicht sitzen würden, deren Motivationsrepertoire mehr als bescheiden sei, wäre es möglich, sie durch Berichtigung ihrer Einsicht zu legalem Verhalten zu erziehen. Der Täter müsse neue Motivkombinationen erlernen. Foth ist sich aber durchaus im Klaren darüber, dass dem Erlernen neuer Handlungsschemata durch den angeborenen Charakter feste Grenzen gesetzt sind. So müsse die resozialisierende Arbeit mit dem Gefangenen an der Realität seiner Individualität orientiert sein.[57] Foths Schilderung erscheint mir einleuchtend, denn er beruft sich auf Erfahrungen, die man in jüngerer Zeit im Strafvollzug gemacht hat. Die resozialisierende Arbeit mit den straffällig Gewordenen steht heute im Mittelpunkt des Strafvollzugs. Zu Schopenhauers Zeit war man offenbar noch eher an der Vergeltung der Verbrechen durch die Strafe interessiert. Schopenhauer spricht sich mit seiner These dagegen aus. Da er an einen angeborenen, unveränderlichen Charakter glaubt und nicht von der Erziehungsfähigkeit des Menschen überzeugt ist, muss er sich vor allem auf die Abschreckungsthese stützen.

Ein Vorwurf an Schopenhauer lautet, dass er das moralische Sollen umgeht.[58] Ohne bereits vorhandene Gebote gäbe es

---

55 W I, S. 411.
56 FOTH, Heinrich: Tatschuld und Charakter. In: 60. Jb. Frankfurt am Main 1979, S. 170 – 174.
57 A. a. O.
58 STOCKHAMMER, Morris: Über die Freiheit des Willens. Eine Schopenhauer-Studie. In: 38. Jb. Frankfurt am Main 1957, S. 40 – 46.

keine Verantwortlichkeit. Eine moralische Verantwortlichkeit leugnet Schopenhauer nicht. Das müsste er aber laut Stockhammer, da er nicht von allgemein gültigen Geboten ausgeht, im Namen derer man für etwas moralisch verantwortlich gemacht werden kann. Es muss nach Stockhammer ein Sollen geben, wenn es Moral geben soll.

Moralisches Sollen impliziert, daß man das Gesollte tun kann. Wenn etwas Unmögliches gesollt wird, taugt die zugrundeliegende Moral nichts. Dass man objektiv gesehen etwas Bestimmtes tun kann, d. h. dass die physische Freiheit besteht, es zu tun, heißt nicht, dass es für jeden einzelnen Handelnden subjektiv möglich ist. Wenn es für ihn kein Motiv gibt, warum er es tun sollte, dann wird er es nicht tun; er kann es gar nicht.

Auch bei Schopenhauer gibt es etwas, das eigentlich gesollt wird, und er würde es fordern, wenn es einen Sinn hätte, moralische Forderungen zu stellen. Dies ist das Mitleid. Handlungen aus Mitleid sind moralische Handlungen. Unsere moralischen Urteile zeigen, dass jemand, der etwas moralisch Schlechtes getan hat, ohne Mitleid mit anderen empfindungsfähigen Wesen gehandelt hat. Daraus folgt, dass sein Motiv eigentlich das Mitleid sein sollte. Aber da es absurd ist zu fordern, dass jemand sich ein bestimmtes Motiv zu eigen machen soll, da es im Wesen der Sache liegt, dass jeder seine eigenen, nicht beliebig auswechselbaren Motive hat, kann man bei Schopenhauer nur von einem Quasi-Sollen sprechen. Die Möglichkeit, moralische Forderungen zu stellen, wird durch seinen Determinismus aufgehoben.

Wenn man Schopenhauers Determinismus bis hierher folgt, gibt es kein Sollen im engeren Sinne, und daraus folgend auch keine moralische Verantwortung. Die Zuschreibung von Verantwortung ist in diesem Sinne eigentlich nur eine vorgefundene alltägliche Praxis ohne moralisches Fundament. Schopenhauer sieht das nicht so, er meint die Rede von der Verantwortung ernst, denn für ihn ist mit dem Beweis des Determinismus noch nicht das letzte Wort gesprochen. Es gelingt ihm - seiner Ansicht nach - doch noch, die

Willensfreiheit zu retten, und damit auch die Verantwortung. Dies wird im nächsten Abschnitt gezeigt.

2.8. Die transzendentale Freiheit des Willens

Bei Kant wie bei Schopenhauer ist die empirische Realität nur Erscheinung, der das Ding an sich zugrunde liegt. Dieses existiert außerhalb von Raum und Zeit und dem Gesetz der Kausalität, welche nur die Formen unseres Verstandes sind. Das Ding an sich kann mit unseren Sinnen nicht erfasst werden. Aber es ist die Grundlage all dessen, was wir mit unseren Sinnen wahrnehmen können, der Kern aller Dinge, und in dieser Eigenschaft vergleichbar mit den platonischen Ideen. Schopenhauer geht weiter als Kant, er bezeichnet das Ding an sich mit dem Wort „Wille", den er als blinden, unbewussten Drang versteht, der sich in den einzelnen Erscheinungen objektiviert und ein Wille zum Dasein, zum Leben ist.

Was die Erscheinung betrifft, geht Kant ebenso wie später Schopenhauer davon aus, dass das Gesetz der Kausalität ohne Ausnahme auch für menschliche Handlungen gilt. Er meint, dass man das Verhalten eines Menschen mit Gewissheit voraussagen könnte, wenn man alle, auch die geringsten Triebfedern seiner Handlungen und alle äußeren Bedingungen seiner Handlungen kennen würde.[59] Die Freiheit liegt bei Kant auf der Ebene des Dinges an sich. Kant betont, dass das Zusammenbestehen von Freiheit und Notwendigkeit nur unter dieser Voraussetzung kein logischer Widerspruch ist, während die Freiheit nicht zu retten ist, wenn man Erscheinung und Ding an sich nicht unterscheidet.[60]

Wie alle Dinge in der Welt der Erscheinungen besteht auch der Charakter des menschlichen Individuums aus Erscheinung und Ding an sich. Kant bezeichnet alles, was nicht Gegenstand der Sinne, nicht Erscheinung ist, als intelligibel.

---

59   KpV, S. 225.
60   KrV, S. 505 f.

Daher nennt er den Charakter des Menschen, wie er an sich selbst ist, den intelligiblen Charakter.[61] Dieser ist zwar die Ursache der Handlungen als Erscheinungen, steht aber selbst unter keinen Bedingungen der Sinnlichkeit. Im Bereich der Erscheinungen entspricht dem intelligiblen Charakter ein empirischer Charakter; er ist die Erscheinung desselben. Da das Subjekt einen empirischen Charakter hat, stehen dessen Handlungen als Erscheinungen durch Naturgesetze mit anderen Erscheinungen in Verbindung. Als Teil der Sinnenwelt unterliegt er dem Gesetz der Kausalität wie alle anderen Erscheinungen auch.

Der empirische Charakter wird durch die Wirkungen erkannt, in denen er sich äußert. Er ist die Regel, nach der gewisse Erscheinungen als Wirkungen folgen. So wie jede Regel eine Gleichförmigkeit der Wirkungen erfordert, verhält es sich auch mit dem empirischen Charakter. Alle Handlungen des Menschen sind in der Erscheinung aus seinem empirischen Charakter und den mitwirkenden anderen Ursachen bestimmt. Der empirische Charakter bildet sich durch die Erfahrung heraus; als Erscheinung ist er auch eine Wirkung von Ursachen. Der Mensch gibt sich einen empirischen Charakter seiner Willkür, welcher eine gewisse Kausalität seiner Vernunft ist.[62] Das heißt, dass der empirische Charakter den Vorgaben des intelligiblen Charakters folgt. Der intelligible Charakter kann niemals unmittelbar erkannt werden, weil wir außer der Erscheinung nichts wahrnehmen können. Wir kennen von ihm nur den allgemeinen Begriff. Aber er ist laut Kant dem empirischen Charakter gemäß.

Das handelnde Subjekt steht Kant zufolge, wenn man den intelligiblen Charakter betrachtet, nicht unter den Bedingungen der Zeit, da die Zeit nicht Bedingung der Dinge an sich selbst ist, sondern nur der Erscheinungen. Außerhalb dieser Bedingungen entsteht oder vergeht eine Handlung nicht. Die Kausalität derselben steht gar nicht in der Reihe der empiri-

---

61   KrV, S. 492 f.
62   KrV, S. 502.

schen Bedingungen.⁶³ Sofern man das Subjekt nach seinem intelligiblen Charakter betrachtet, sind seine Handlungen ohne Naturnotwendigkeit. Deshalb ist es, in dieser Hinsicht, von Ursachen unabhängig und frei. Es fängt seine Wirkungen in der Welt der Erscheinung von selbst an. Diese Freiheit gilt für das Subjekt, ungeachtet der Tatsache, dass die Wirkungen in der Sinnenwelt selbstverständlich nicht von selbst anfangen können. Dort sind die Handlungen durch Ursachen in der vorangegangenen Zeit bestimmt, aber nur vermittelt durch den empirischen Charakter, der ja die Erscheinung des intelligiblen ist. Also sind Freiheit und Notwendigkeit im selben Subjekt miteinander vereinbar, je nachdem, ob man die Handlungen desselben nach seinen intelligiblen oder empirischen Ursachen betrachtet.⁶⁴

Als Belege dafür, dass das Zusammenbestehen von Freiheit und Notwendigkeit nicht nur kein logischer Widerspruch ist, sondern eine Tatsache, nennt Kant die Reue und das Gewissen. Der Mensch fühle beide als Schmerz ganz rechtmäßig, da es in der Vernunft keinen Zeitunterschied gäbe und immer dieselbe moralische Empfindung mit unserer Tat verknüpft sei, egal, wann sie geschehen ist.⁶⁵

Diese Aussage überzeugt nicht, weil sie in Wirklichkeit nichts erklärt, sondern selbst nur Fragen aufwirft. Vor allem fällt auf, dass Kant nicht sagt, woher die moralische Empfindung kommt, die mit der Tat verknüpft ist. Es muss ja eine Ursache haben, warum man eine Tat bereut, mit einer anderen aber zufrieden ist. Woher das innere moralische Gesetz kommt, das den Menschen empfinden lässt, dass er lieber anders gehandelt hätte, müsste Kant an dieser Stelle sagen. Dass die Vernunft nicht an die Gegenwart gebunden ist, ist klar, da sie mit allgemeinen Begriffen und nicht mit anschaulichen Vorstellungen operiert. Die Reue als Phänomen kann zur Aufhellung hier nichts beitragen.

---

63 KrV, S. 492 f.
64 KrV, S. 494.
65 KpV, S. 223 f.

Auch für Schopenhauer ist der Wille an sich frei. Der Wille ist für ihn das Ding an sich, das Kant nicht näher spezifiziert hatte. Der Wille muss an sich frei sein, denn für das Ding an sich gelten nicht die Bestimmungen, die in der Welt der Vorstellung gelten. Er existiert außerhalb von Raum und Zeit und ist keiner Kausalität unterworfen. Da Freiheit die Abwesenheit von Notwendigkeit ist, und der Wille nicht durch den Satz vom Grunde bestimmt wird, ist er frei. „Jedes Ding ist als Erscheinung, als Objekt, durchweg notwendig: dasselbe ist *an sich* Wille, und dieser ist völlig frei, für alle Ewigkeit."[66]

All dies gilt auch für den einzelnen Menschen. In seiner Handlungsweise offenbart sich sein empirischer Charakter, in diesem wiederum der intelligible Charakter, dessen Erscheinung er ist. Der empirische Charakter ist determiniert, der intelligible, als Ding an sich, ist frei. Schon Kant vertrat diese Theorie, die Schopenhauer beibehält. Der intelligible Charakter ist ein außerzeitlicher und daher unteilbarer und unveränderlicher Willensakt. Dessen Entsprechung in der Erscheinung ist der in Zeit und Raum und nach dem Satz vom Grunde entwickelte empirische Charakter, wie er sich in den Handlungen und im Lebenslauf jedes Menschen darstellt. Alle Handlungen des Menschen sind Äußerungen seines intelligiblen Charakters, und aus der Summe der Handlungen ergibt sich der empirische Charakter.[67]

Schopenhauer zufolge sind wir uns unserer Freiheit bewusst, nämlich in dem Gefühl der Verantwortlichkeit, das wir unseren Taten gegenüber haben. Dies ist trotz der Notwendigkeit, mit der unsere Taten erfolgen, gerechtfertigt. In einer bestimmten Situation wäre einem Menschen eine andere Handlung möglich gewesen, wenn er ein anderer gewesen wäre, wenn er also einen anderen Charakter gehabt hätte. Weil er jedoch dieser Mensch mit diesem Charakter ist, ist ihm keine andere Tat möglich. An sich und objektiv be-

---

66 W I, S. 338.
67 W I, S. 341 f.

trachtet, wäre dagegen eine andere Handlung möglich gewesen. Eigentlich trifft also die Verantwortlichkeit nicht auf die Tat zu, sondern auf den Charakter. Für diesen ist der Mensch verantwortlich. Dazu passt für Schopenhauer die Tatsache, dass die Urteile der Menschen nur scheinbar den Taten, eigentlich aber dem Charakter gelten, wobei die Tat nur als Zeugnis vom Charakter, und zwar als ein sicheres, betrachtet wird.[68]

Der Mensch tut nur das, was er will, aber er tut es notwendig. Das liegt daran, dass er schon ist, was er will. Aus dem, was er ist, folgt notwendig alles, was er tut. Seine Taten sind die reine Äußerung seines selbsteigenen Wesens.[69] Er identifiziert sich mit seinen Taten, denn er tut was er will, und sein Wesen ist Wille, d. h. er ist Wille. Deshalb ist er für seine Handlungen verantwortlich.

Hilfreich ist meiner Ansicht nach an dieser Stelle Platons Mythos von der vorgeburtlichen Seelenwahl. Dieser Mythos verbildlicht, was Kant und Schopenhauer mit dem intelligiblen Charakter meinen. Nach Platon werden den Seelen zwischen den Inkarnationen viele verschiedene Lebensschicksale von Menschen und Tieren vorgeführt, zwischen denen sie frei wählen können. Die Reihenfolge, in der die anwesenden Seelen wählen dürfen, wird durch das Los bestimmt. Es sind mehr Wahlmöglichkeiten vorhanden, als Seelen da sind, so dass auch der zuletzt Wählende genügend Wahlfreiheit hat. So ist also jeder für sein Lebensschicksal selbst verantwortlich, da er es selbst frei gewählt hat. [70]

Meiner Meinung nach muss man Ludwig Fulda[71] zustimmen, wenn er gegen Schopenhauer einwendet, dass der Charakter von den Eltern ererbt ist, neben anderen Eigenschaften des Körpers wie der Geistesbeschaffenheit. Fulda meint, niemand könne sich frei aussuchen, wann, wo und als was er

---

68 E I, S. 93 f. Siehe auch E II, S. 256 – 258.
69 E I, S. 98.
70 PLATON: Der Staat, 614 b – 621 d.
71 FULDA, S. 115 - 138.

auf die Welt kommt. Diese Modalitäten würden den Willen festlegen, bevor er zu wollen anfängt. Wir können nicht nur nicht beliebig wählen, was wir wollen; wir können auch nicht beliebig sein, was wir wollen. Darüber hinaus will der Durchschnittsmensch laut Fulda in der Hauptsache nichts anderes als das, was sein Vater und Großvater wollten. Bei den meisten Menschen brauche man nicht die Kenntnis ihres Charakters, um den Verlauf ihres Lebens voraussagen zu können, sondern die Kenntnis ihrer Herkunft sei dazu ausreichend. Die eigenen Entscheidungen eines Menschen beziehen sich Fuldas Ansicht nach nur auf das Naheliegendste. Nur wenige Menschen seien mit so überragenden Willens- und Geisteskräften ausgestattet, dass sie sich von ihrer Herkunft lösen und ihre Ziele selbständig wählen könnten. Aber auch diesen würde es nicht gelingen, ihre ererbte Wesenheit zu verleugnen.[72]

Wenn man das Verhältnis von Wille und Erkenntnis bei Schopenhauer betrachtet, dann ist der Wille das Erste und Ursprüngliche. Die Erkenntnis ist nur ein Werkzeug des Willens. Also ist der Mensch das, was er ist, durch seinen Willen, und sein Charakter ist vor der Erkenntnis da. Wollen ist die Basis seines Wesens.

Durch die hinzukommende Erkenntnis lernt der Mensch nach Schopenhauer mit fortschreitender Erfahrung seinen Charakter kennen, d. h. er erfährt erst im Laufe der Zeit, was er ist.[73] Neben dem empirischen und dem intelligiblen Charakter gibt es noch den erworbenen Charakter. Er ist gemeint, wenn jemand als Mensch mit Charakter gelobt oder als charakterlos getadelt wird. Er entsteht im Laufe des Lebens, indem der Mensch sich selbst immer besser kennen lernt. Bloßes Wollen und Können reicht nach Schopenhauer nicht aus, um im Leben etwas Rechtes zu vollbringen, sondern man muss auch wissen, was man will und was man kann. Man findet in sich verschiedene Anlagen und Kräfte,

---

72 A. a. O., S. 125 – 127.
73 W I, S. 348 f.

kann aber nur einem Weg folgen, da wir immer nur eine von verschiedenen Handlungsalternativen wählen können. Ein Mensch, der noch nicht weiß, welcher Weg seinem Charakter gemäß ist, irrt sich oft über sich selbst und geht im Zickzack anstelle eines geraden Weges, wie Schopenhauer meint. So kommt es, dass ein Mensch verschiedene mißlingende Versuche unternimmt und seinem Charakter in Einzelheiten Gewalt antut, bis er ihm im Ganzen wieder nachgeben muss. So entsteht die Reue aus einer Änderung der Erkenntnis, wenn man eine Tat im Irrtum über seinen Charakter begangen hat und später erkennt, was eigentlich dem Charakter angemessen gewesen wäre. Ebenso wie die Reue über eine schlechte Tat gibt es die egoistische Reue über eine dem Charakter nicht angemessene menschenfreundliche Tat, die nicht aus eigenem Antrieb, sondern aus Rücksicht auf ein Dogma entstanden ist.[74]

Wir müssen erst aus der Erfahrung lernen, was wir wollen und können. Vorher wissen wir es nicht, sind eigentlich charakterlos und müssen oft durch Hindernisse von außen auf unseren eigenen Weg zurückgeworfen werden. So ist der erworbene Charakter die „möglichst vollkommene Kenntnis der eigenen Individualität: es ist das abstrakte, folglich deutliche Wissen von den unabänderlichen Eigenschaften seines eigenen empirischen Charakters und von dem Maß und der Richtung seiner geistigen und körperlichen Kräfte, also von den gesamten Stärken und Schwächen der eigenen Individualität. Dies setzt uns in den Stand, die an sich einmal unveränderliche Rolle der eigenen Person, die wir vorhin regellos naturalisierten, jetzt besonnen und methodisch durchzuführen und die Lücken, welche Launen oder Schwächen darin verursachen, nach Anleitung fester Begriffe auszufüllen."[75]

Der Mensch kann erst Zufriedenheit erlangen, wenn er sich selbst erkannt hat und seinem Charakter gemäß handelt, da,

---

74 W I, S. 349, 359.
75 W I, S. 359 f.

wie Schopenhauer meint, im Inneren wie im Äußeren die Einsicht in die unabänderliche Notwendigkeit der beste Trost ist. Wenn wir unsere Stärken und Schwächen erkannt haben, entgehen wir am sichersten dem „bittersten aller Leiden", der Unzufriedenheit mit uns selbst.[76]

2.9. Die Verneinung des Willens zum Leben

Es gibt in Schopenhauers Philosophie ein Phänomen, in dem sich der Wille des Menschen nicht nur an sich, sondern auch in der Erscheinung als frei zeigt. Dies ist die Verneinung des Willens zum Leben.

Durch eine Änderung seiner Erkenntnis kann der Mensch das Principium Individuationis durchschauen, welches den Willen, der in Wirklichkeit in allen Wesen derselbe ist, in verschiedene Individuen trennt. Wer dies durchschaut, fühlt sich von den anderen Menschen nicht mehr unterschieden, sondern identifiziert sich mit allen lebenden Wesen. Er gibt seinen Egoismus auf, der ihn dazu brachte, nur die ihm selbst nützlichen Dinge zu wollen und Schmerzen zu vermeiden. Die Leiden aller anderen Individuen sind ihm wie sein eigenes Leid.[77]

Die Willensverneinung war Schopenhauer offenbar wichtig. Wenn man die Entwicklung seiner Philosophie betrachtet, erfährt man, dass die Idee der Verneinung des Willens zum Leben schon da war, bevor er seine Willensmetaphysik entwickelte, bevor er das Wesen der Welt als Willen erkannte.[78]

Willensverneinung bedeutet Frieden, Seelenruhe, Freiheit von dem Streben der gewöhnlichen Menschen, das nur Leiden verursacht. Diese zu erreichen, ist das Ziel des Asketen. Das Leben bedeutete für Schopenhauer nichts als Leiden. Der

---

76   W I, S. 362.
77   W I, S. 447.
78   SAFRANSKI, Rüdiger: Schopenhauer und die wilden Jahre der Philosophie. München , Wien 1987, S. 299.

Mensch ist zwischen Schmerz und Langeweile hin und her geworfen, die Befriedigung seiner Wünsche ist in Wirklichkeit keine Befriedigung, mit dem Erreichen eines Ziels tritt sofort ein neues auf, nach dem er streben muss. Wenn seine Bedürfnisse und Wünsche nicht befriedigt werden, leidet er. Ein glückliches Leben besteht nur darin, dass zwischen den Wünschen und ihrer Erfüllung kurze Abstände bestehen, und dass nach erfülltem Wunsch sofort ein neuer auftaucht, damit keine Langeweile entsteht. Sicheres, dauerhaftes Glück ist nicht möglich.[79] Wenn der Mensch dieses Streben nach Glück als nichtig erkennt und nichts mehr will, entgeht er diesem Kreislauf von Schmerz, scheinbarer Befriedigung und Langeweile.

Die Erkenntnis der Nichtigkeit des Lebens und Strebens kann der Mensch sich nicht willkürlich vornehmen, sondern sie widerfährt ihm ohne sein Zutun. Sie kann zur Willensverneinung führen, indem der Mensch das Leben aller Wesen wesentlich als Leiden erkennt, woraufhin er das Mittun in dieser Welt, das Wollen und das Handeln auf Motive hin, als nichtig erkennt und verneint. Er ist dann für die Motive, die ihn früher zum Handeln bewegten, nicht mehr empfänglich, jedenfalls nicht in dem Grade, dass sie ihn zu Handlungen bewegen könnten. Folglich führt er ein Leben der „freiwilligen Entsagung, der Resignation, der wahren Gelassenheit und gänzlichen Willenslosigkeit".[80]

Diese Erkenntnis ist keine abstrakte, sondern eine intuitive. Deshalb wird sie auch nicht durch abstrakte Begriffe ausgedrückt, sondern durch Taten.[81] Der Mensch *lebt* als Asket, wenn er das Leben als wesentlich schmerzvoll und nichtig erkannt hat und spricht nicht nur darüber, wie der Philosoph. Für Schopenhauer ist die Verneinung des Willens das Wesen von Heiligkeit und Askese. Die Glaubensinhalte, mit denen ein Heiliger oder Asket von seinem Tun Rechenschaft

---

79 W I, S. 368 – 375.
80 W I, S. 448.
81 W I, S. 453.

gibt, sind für Schopenhauer nicht wesentlich, sie werden nur von der Vernunft vertreten, während im Tun bewiesen wird, dass es sich um eine intuitive Erkenntnis handelt, die von Dogmen unabhängig ist. Diese intuitive Erkenntnis ist für einen christlichen, indischen oder buddhistischen Heiligen gleich, denn ihr Leben und Streben unterscheidet sich nicht wesentlich voneinander.[82]

Gewöhnliche Menschen können dieser Erkenntnis der Nichtigkeit des Lebens manchmal nahekommen, im Zustand des eigenen Leides oder des lebhaft mitempfundenen Leides eines anderen. Aber das Principium Individuationis ist meist stärker, die Motive wirken weiter auf den Willen, so dass es nicht zu einem Leben in Entsagung kommt.[83] Mildere Folgen dieser Erkenntnis zeigen sich in Gerechtigkeit und Menschenliebe. Erstere enthält sich, dem anderen Unrecht zuzufügen, letztere tut ihm aktiv Gutes.[84]

Oft reicht die bloße Erkenntnis der Welt als Leiden nicht aus, um zur Willensverneinung zu gelangen. Ein zweiter Weg dahin ist die Erfahrung von übermäßigem Leid. Durch dieses wird der Wille gebrochen, woraufhin dessen Selbstverneinung eintritt. Auch die Menschen, die schon zur Willensverneinung gelangt sind, müssen oft Versuchungen widerstehen, die sie wieder zur Lebensbejahung zu führen drohen. Ihr Leib, der die Erscheinung des Willens ist, existiert ja noch, auch wenn dieser eigentlich verneint wird und der Tod ihnen durchaus erwünscht ist. Solange der Leib am Leben ist, ist die Lebensbejahung der Möglichkeit nach da, und der Asket kämpft ständig gegen sie an, um sie nicht zu verwirklichen. Er entsagt dem Angenehmen und sucht freiwillig Unannehmlichkeiten auf, um seinen Willen zum Leben zu dämpfen. Für Schopenhauer bedeutet „Askesis" im engeren Sinne gerade diese vorsätzliche Brechung des Willens.[85]

---

82 W I, S. 452 f., 460.
83 W I, S. 448.
84 Siehe E II, S. 212 – 230.
85 W I, S. 463 f.

Die Verneinung des Willens ist eine Aufhebung des Charakters durch die Änderung der Erkenntnis. Man muss aber einen in einer bestimmten Weise beschaffenen Charakter haben, um dahin zu gelangen. Für einen boshaften Charakter wird das weniger wahrscheinlich sein als für einen dem Mitleid empfänglichen. Aber auch ein boshafter Charakter kann durch die Erfahrung von übermäßigem Leiden zur Willensverneinung gelangen, muss es jedoch nicht zwingend. Auch nach heftigstem Leiden kann ein Mensch noch immer seinen Willen bejahen. Es ist auch nicht so, dass der Wille, wenn er einmal verneint wurde, notwendig das ganze Leben lang verneint wird. So ist es auch durchaus möglich, dass ein Mensch wieder zur normalen, bejahenden Lebensweise zurückfindet. Wir haben schon gesehen, dass die Asketen und heiligen Menschen aus diesem Grund gegen Versuchungen kämpfen müssen. In Schopenhauers eigenen Worten: „Überhaupt geht aus dem Leiden die Verneinung des Willens keineswegs mit der Notwendigkeit der Wirkung aus der Ursache hervor, sondern der Wille bleibt frei. Denn hier ist ja eben der einzige Punkt, wo seine Freiheit unmittelbar in die Erscheinung eintritt."[86]

Da der Leib noch existiert, aber eigentlich verneint wird, da ihm Annehmlichkeiten verwehrt werden und der Tod gewünscht wird, befindet sich der Wille, wenn er verneint wird, im Widerspruch mit sich selbst. Dieser Widerspruch geht laut Schopenhauer „aus dem unmittelbaren Eingreifen der keine Notwendigkeit kennenden Freiheit des Willens an sich in die Notwendigkeit seiner Erscheinung"[87] hervor. Die Ursache für die Selbstverneinung des Willens ist, wie bereits gesagt wurde, eine veränderte Erkenntnisweise. Da „alle Erkenntnis und Einsicht aber als solche von der Willkür unabhängig ist; so ist auch jene Verneinung des Wollens, jener Eintritt in die Freiheit, nicht durch Vorsatz zu erzwingen, sondern geht aus dem innersten Verhältnis des Erkennens zum Wollen hervor, kommt daher plötzlich und wie von au-

---

86 W I, S. 467.
87 W I, S. 477.

ßen angeflogen."[88] Nach Schopenhauer ist es dies, was die Kirche unter der „Gnadenwirkung" versteht. Doch die Aufnahme beim Individuum, die Wirkung der Erkenntnis als „Quietiv" (das Gegenteil eines Motivs) ist ein Freiheitsakt des Willens. Dies ist für Schopenhauer die einzige Möglichkeit einer absoluten, nicht nur relativen Freiheit, die von keiner Ursache abhängt.

2.10. Kritik an transzendentalen Freiheitsarten

Schopenhauers Ansicht, dass der Wille frei ist, wurde oft kritisiert, weil es nach Meinung seiner Kritiker unmöglich ist, dass der Wille als Ding an sich in die Erscheinung eingreifen kann. Beide oben herausgearbeiteten Formen der Freiheit, die transzendentale Freiheit, sich einen Charakter zu wählen, und die Freiheit zur Verneinung des Willens zum Leben, sind von dieser Kritik betroffen.[89] Ich möchte auf die einzelnen Einwände nicht näher eingehen, da ich eher eine grundsätzliche Kritik daran üben möchte, dass Schopenhauer und einige seiner Interpreten aus dem Bereich des Transzendentalen Folgen für das praktische Leben ableiten wollen. Wie kann etwas über alle Erfahrung Hinausgehendes verstanden und bewiesen werden, wie kann es noch zur Erklärung und Rechtfertigung von etwas anderem dienen, nämlich unserer Praxis der Zuschreibung von Verantwortung? Wie kann darüber hinaus etwas, das so selten auftritt wie die Verneinung des Willens zum Leben, möglicherweise zu selten, um Schopenhauers Thesen durch die Erfahrung überprüfen, *alle* Menschen prinzipiell als frei erweisen? Schopenhauer mutet seinen Lesern viel zu, wenn er erwartet, dass sie ihm bis dahin folgen.

---

88   W I, S. 478.
89   Siehe MOCKRAUER, Franz: Zur „Freiheit des Willens". In: 6. Jb. Kiel 1917, S. 262 - 266; KLEE, Rudolf: Zur Willensfreiheit. In: 6. Jb. Kiel 1917, S. 261 f.; FULDA, S. 115 - 138.

Konkreter gesagt, erscheint es mir nicht legitim, die Zuschreibung von Verantwortung in der Ethik und die Rechtfertigung von Strafen in der Rechtslehre als gelungen zu betrachten und sich nicht weiter darüber zu beunruhigen, wie Schopenhauer es tut, wenn dazu metaphysische Annahmen gemacht werden müssen, die nicht weiter überprüfbar sind. Es ist schade, dass er nicht bei seinem Determinismus stehen blieb und die notwendigen praktischen Folgen daraus zog. Nichts zwang ihn, Kants Gedanken zur transzendentalen Freiheit so weit in die Praxis hinein weiterzuentwickeln. Kant selbst hat damit ja keine Tatsachen beweisen wollen, sondern er wollte nur eine theoretische Vereinbarkeit von Freiheit und Notwendigkeit zeigen. Stattdessen sieht es so aus, als wolle Schopenhauer unbedingt die Rechtmäßigkeit der (zur damaligen Zeit) bestehenden ethischen und juristischen Praxis nachweisen. An diesem Punkt wäre aber ein wenig mehr kritisches Bewusstsein angebracht gewesen.

Ich möchte zeigen, dass es in unserer täglichen Praxis nicht möglich ist, ohne eine ausnahmslose Kausalität auszukommen, dass also der Determinismus tatsächlich gilt und man nicht sagen kann, jemand hätte auch anders handeln können. Das Kausalitätsprinzip liegt außerhalb des Beweises, denn es ist die Grundlage eines jeden Beweises. Dass es ohne Ausnahme gilt, sehen wir daran, dass wir uns eine Welt, in der das Kausalitätsgesetz nicht gilt, oder einfacher gesagt, in der es Ereignisse gibt, die keine Ursache haben, nicht vorstellen können. Was immer die Quantenphysik herausgefunden hat (siehe oben S. 25 f.), wir haben in unserem täglichen Leben keine Beziehung zu ursachenlosen Ereignissen. Wir werden bei einem vorkommenden Ereignis immer nach der Ursache fragen, weil wir nicht anders können. Wenn man nicht zugeben mag, dass das Kausalitätsgesetz uns a priori gegeben ist, dann muss man wenigstens zugeben, dass es unserem praktischen Leben sehr nützlich ist und dass wir nicht anders können, als seine Existenz täglich anzuerkennen. Was uns darüber hinaus metaphysisch plausibel erscheint, ist in der Praxis sinnlos. Falls es so etwas wie eine transzendentale Freiheit des Willens gibt, ist sie für uns nicht fassbar, und es ist für uns nicht vorstellbar, wie daraus freie Handlungen entspringen können. Wir können nicht davon ausgehen, dass ein Verbrecher auch anders hätte handeln können, weil er sich in irgendeinem transzendenten Bereich einen anderen Charakter hätte wählen können.

In Bezug auf die Folgen für Schuld und Verantwortung schließe ich mich Heinrich Foth[90] an, der meint, da es keine Willensfreiheit geben kann, gäbe es auch kein Schuldprinzip. Schuldig kann nur sein, wer frei war. Wenn man die Willensfreiheit verneint, entfällt auch die innere Rechtfertigung der Strafe. Schopenhauer ging davon aus, dass man im Grunde für seinen Charakter und nicht so sehr für die einzelnen Taten gelobt oder getadelt wird. Foth meint, für seinen Charakter sollte niemand, auch vor Gericht nicht, zur Verantwortung gezogen werden. Auch wenn sich die außerzeitliche Festlegung der Individualität in Freiheit vollziehe, sei mit dem Eintritt des *Esse* in die Erscheinung die alte Freiheit verloren gegangen.[91] Falls es eine „Erbsünde" gäbe, ginge sie das Strafrecht nichts an.[92]

Auch Fritz Bauer betont, dass metaphysische Annahmen nicht zur Begründung der Gesetzgebung dienen dürfen: „Die staatlichen Gewalten – Gesetzgebung, Rechtsprechung und Verwaltung – haben es ausschließlich mit dem empirischen Menschen zu tun." Transzendente, metaphysische Fundierung sei Sache des Glaubens; Recht und Gesetz benötigten sie nicht.[93]

Es gibt meiner Ansicht nach nur eine Rechtfertigung für die Zuschreibung von Verantwortung und die Praxis des Lobens, Tadelns und Strafens, nämlich das Sicherheitsbedürfnis

---

90 FOTH, Heinrich: Das Schuldprinzip und der Satz vom zureichenden Grunde. Ein Rückblick auf die Strafrechtsreform. In: Archiv für Rechts- und Sozialphilosophie 62. Wiesbaden 1976, S. 249 – 268; ders. 1979, S. 148 – 180.
91 FOTH 1979, S. 167 – 170.
92 FOTH 1976, S. 253.
93 BAUER, S. 19.

der Gesellschaft. Die meisten von uns wollen in einer sicheren Gesellschaft leben, in der die Menschen daran gehindert werden, einander willkürlich aus egoistischen Motiven heraus zu schaden. Es muss Gesetze geben, die als Handlungsnormen verlässlich sind, so dass alle wissen, welches Handeln von ihnen erwartet wird. Ein potentieller Verbrecher muss Gewissheit darüber haben können, welche rechtlichen Folgen aus seiner Tat entstehen. Nur dann kann man diese auch als philosophisch gerechtfertigt ansehen.

Wenn man als grundlegendes Prinzip des Rechts das Sicherheitsbedürfnis ansieht, ist die Strafe als Vergeltung des begangenen Unrechts nicht zu rechtfertigen. Rache trägt nicht dazu bei, dass die Welt sicherer wird. Maßnahmen zur Sicherheit können dann nur ein vorübergehendes Wegsperren des Täters und die Erziehung des Täters zu gesetzeskonformem Verhalten sein. Ein überführter Verbrecher muss dann keine Strafe im Sinne eines Übels erleiden, das man ihm zufügt, sondern man kann versuchen, ihn dahin zu erziehen, dass er in Zukunft keine Verbrechen mehr begeht, und ihn so lange in Sicherheitsverwahrung lassen, bis das erreicht ist. Dass es in der Praxis Schwierigkeiten gibt, diese Prinzipien in reiner Form durchzusetzen, liegt auf der Hand, da der Charakter des Täters relativ konstant ist, so dass man ihn nicht beliebig erziehen kann. Andererseits ist in der Gesellschaft ein Rachebedürfnis vorhanden, das besonders die Opfer von Verbrechen haben. Das ist verständlich, aber würde man diesem Bedürfnis nachgeben, würde es sich als sozialschädlich erweisen. Wir wissen aus Gesellschaften, in denen es eine Praxis der Blutrache gibt, dass Rache nur immer neue Rache auf der Gegenseite hervorruft, so dass das Leben in dieser Gemeinschaft unsicherer ist als in Gemeinschaften ohne Blutrache. Auch ohne sich dem Einwand auszusetzen, dass Blutrache eine ritualisierte Praxis ist, die mit den persönlichen Gefühlen der Einzelnen nicht immer etwas zu tun hat, kann man sich leicht vorstellen, dass eine Strafe (oder, um im Schema zu bleiben: Vergeltungsmaßnahme), die der Täter als ihm zugefügtes Übel empfinden muss, wiederum die Rachegefühle gegenüber der Gesellschaft in ihm schürt, so dass er nicht gebessert wird, sondern bei nächster Gelegenheit wieder gegen das Gesetz verstößt. Das Ziel sollte aber im Gegenteil sein, ihn davon abzuhalten, damit das Leben in unserer Gesellschaft sicherer wird. Im Vordergrund sollten also Resozialisierungsmaßnahmen stehen, was ja heute im Strafvollzug auch tatsächlich der Fall ist.

Lob, Kritik und Tadel kann man als mildere Erziehungsmaßnahmen ansehen, die die Menschen anwenden, um einander zu weniger egoistischem und mehr moralischem Handeln zu bewegen. Auch wenn es keine absolute Freiheit gibt und jemand einen Charakter hat, der vor allem für egoistische Motive empfänglich ist, wird es ihm nicht ganz gleichgültig sein, was andere Menschen über ihn denken, denn er hat auch Vorteile, wenn andere Menschen ihn für moralisch gut halten. Er handelt dann nicht moralisch im eigentlichen Sinne, aber er verhält sich zumindest sozialkonform und nützt auf diese Weise der Gesellschaft. Daher ergibt auch die Praxis des Lobens und Tadelns einen Sinn.

Was ich dargelegt habe, sagt Kulenkampff[94] auf ähnliche Weise. Er greift auf Wittgenstein zurück und meint, dass die Sprache von Kritik und Tadel nur ein Sprachspiel ist, das sich durch sich selbst legitimiert. Einer Regel folgen impliziere, dass man auch anders kann. Regeln stellen durch ihre Existenz die Freiheit des Anderskönnens unter Beweis, so weit wie ein Beweis hier möglich sei.

Es hat nach Kulenkampff ethisch gesehen keinen Sinn, von Schuld und Verantwortung zu sprechen, da es nicht beweisbar ist, dass wir frei handeln. Die Rede von Schuld und Verantwortung sowie das Strafen haben nur den Zweck, die Mitglieder der Gesellschaft zu sozialkonformem Verhalten zu zwingen. Nur dadurch ist die Existenz von Regeln legitimiert. Einen darüber hinausgehenden Sinn kann man ihnen nicht zusprechen. Man kann anders handeln, als man handelt, aber dass das objektiv so ist, bedeutet nicht, dass jedes

---

94   KULENKAMPFF, S. 15 – 28.

handelnde Subjekt in der Praxis tatsächlich anders handeln kann.

Zum Schluss möchte ich noch darauf eingehen, was man von Schopenhauers Theorie auch heute noch vertreten kann und was nicht. Wolfgang Weimer spricht das Problem vor dem Hintergrund der Sprachanalytischen Philosophie an,[95] und ich möchte mich seiner Argumentation weitgehend anschließen.

Ludwig Wittgenstein begründete die Sprachanalytische Philosophie als eine Methode des Philosophierens und revolutionierte damit das Denken, was nach Weimers Ansicht vergleichbar bedeutend ist wie die Kopernikanische Wende Kants. Alle philosophischen Fragen erscheinen danach in einem neuen Licht, da ein neuer Weg zu ihrer Beantwortung aufgezeigt wird. Auch wer dem Grundansatz der Sprachanalytischen Philosophie nicht recht gäbe, müsse sich mit ihr auseinandersetzen, wenn er mit seinen Bemühungen einen Wahrheitsanspruch verbinde. Die Sprachanalytische bzw. Analytische Philosophie vertritt nach Weimer die Überzeugung, dass eine philosophische Erklärung des Denkens durch philosophische Analyse der Sprache möglich ist und dass eine umfassende Erklärung nur so und nicht anders zu erreichen ist. Philosophische Probleme können danach nur in Abhängigkeit von einer Reflexion über die Bedeutung und den Sinn derjenigen Sprache gelöst werden, in der die Probleme formuliert werden. Das bedeutet einen Bruch mit der sokratisch-platonischen Annahme, die Weimer als „Dogma der Metaphysik" ansieht, „dass nämlich, wo immer verschiedene Sachverhalte mit dem gleichen Begriff bezeichnet werden, dem auch eine Identität der Sache entsprechen müsse."[96] Wer diese Annahme vertritt, komme oftmals dazu, die Existenz von Ideen zu unterstellen. Wittgenstein vertrat die

---

95 WEIMER, Wolfgang: Ist eine Deutung der Welt als Wille und Vorstellung heute noch möglich? Schopenhauer nach der Sprachanalytischen Philosophie. In: 76. Jb. Würzburg 1995, S. 11 – 51.
96 A. a. O., S. 16.

These, dass der tatsächliche Sprachgebrauch so eine Annahme nicht rechtfertigt.[97]

Sprachanalytisch betrachtet, müsste man Schopenhauer ganz neu interpretieren. Vieles wäre vor diesem Hintergrund problematisch, wenn nicht ganz unhaltbar. Weimer versucht eine solche Auseinandersetzung durch die Interpretation eines Satzes, den er als Grundaussage von Schopenhauers Philosophie versteht. Da dies nicht zum Thema Willensfreiheit gehört, gebe ich diese hier nicht wieder. Ein anderer Grund ist, dass ich der Sprachanalytischen Philosophie nicht ohne Vorbehalte folge. Mir geht es darum, einen Kompromiss zwischen Metaphysik und Sprachphilosophie zu finden. Metaphysische Fragen darf man eigentlich gar nicht stellen, wenn man den Annahmen der Sprachanalytischen Philosophie folgt, da sie danach als sinnlos angesehen werden. Ich denke aber nicht, dass sie sinnlos sind. Ich schließe mich Weimer an, der sich im genannten Text zu einem „metaphysischen Grundbedürfnis" bekennt und es als Mangel der Sprachanalytischen Philosophie empfindet, dass sie dieses nicht befriedigen kann.

Das metaphysische Bedürfnis entsteht nach Schopenhauer aus dem Anblick des Übels und des Bösen in der Welt. Philosophie dient danach auch zur Bewältigung des Lebens. In der Sprachanalytischen Philosophie gibt es dafür keine Entsprechung. Diese würde, selbst wenn sie all ihre möglichen Fragen beantwortet hätte, unser Erkenntnisproblem noch nicht berühren.

Weimer beschließt seinen Aufsatz mit der Frage, ob ein Denken möglich ist, das die begriffliche Exaktheit mit der Befriedigung unseres metaphysischen Bedürfnisses verknüpfen kann.[98] Weimer wünscht sich offenbar ein solches Denken. Auch darin bin ich mit ihm einer Meinung. Es wäre wünschenswert, den metaphysischen Fragen, die die Philosophie

---

97 A. a. O., S. 11 – 16.
98 A. a. O., S. 50 f.

seit ihren Anfängen beschäftigen, mit einer begrifflich exakten, nicht spekulativen Methode nachgehen zu können.

Obwohl ich nicht jede Form der Metaphysik ganz verwerfe, muss ich dabei bleiben, dass Schopenhauers transzendentale Freiheit und die Freiheit zur Verneinung des Willens zum Leben auf eine Weise über die Erfahrung hinausgehen, die nicht mehr nachvollziehbar ist. Ich habe mich bisher darauf eingelassen, um Schopenhauers Philosophie als Ganzes zu untersuchen und daraus eventuell für das Verständnis der Willensfreiheit Nutzen zu ziehen. Es hat sich jedoch herausgestellt, dass ich diese Formen der Freiheit bei Schopenhauer nicht als wahr empfinden und vertreten kann.

Die Art, wie Schopenhauer Metaphysik betreibt, ist zu spekulativ. Man kann mit ihrer Hilfe die Welt dort zu erklären versuchen, wo sie allein durch die Erfahrung nicht mehr zu erklären ist, und dadurch eine gewisse Plausibilität erreichen, aber ein letzter Beweis ist in diesem Bereich nicht möglich. Daher ist es eine Sache des Glaubens und damit des Einzelnen, ob er Schopenhauers transzendentale Freiheit annehmen will oder nicht. Metaphysische Annahmen wie die transzendentale Freiheit des Willens genügen nur zur Beschreibung von Phänomenen, nicht zur Rechtfertigung von ethischen Geboten oder, im Bereich der Rechtslehre, von Strafen. Da die Willensfreiheit nicht beweisbar ist, kann man die Zuschreibung von Verantwortung nicht rechtfertigen.

Schopenhauer zweifelte nicht daran, dass Metaphysik notwendig ist. Ihm war klar, dass sie nicht auf die apodiktische Gewissheit einer Erkenntnis a priori bauen kann, wie sie der Logik und der Mathematik vorbehalten ist, aber er sah die Gewissheit der Metaphysik als nicht geringer an als die der Naturwissenschaften, da diese es mit einzelnen Erfahrungen zu tun haben, die Metaphysik aber mit der Erfahrung überhaupt.[99] Daraus leite ich ab, dass man, wenn Schopenhauers Aussage zutrifft, keiner Erfahrungswissenschaft absolute Gewissheit zutrauen kann, weder den Naturwissenschaften

---

99 W II, S. 201 f.

noch der Metaphysik. Schopenhauers Willensmetaphysik, d. h. sein Versuch, die Welt als Wille und Vorstellung zu denken, erscheint mir plausibler als andere philosophische Systeme, aber was die Willensfreiheit betrifft, gelingt es ihm nicht, das Zusammenbestehen von Freiheit und Verantwortung befriedigend zu erklären. Bis auf weiteres muss ich davon ausgehen, dass für das menschliche Handeln nichts als der Determinismus gilt, weil man eine Freiheit des Willens nicht beweisen kann.

3. Peter Bieri

3.1. Von Schopenhauer zu Bieri

Bieri nimmt nirgends auf Schopenhauer Bezug, was nicht weiter verwunderlich ist, denn Schopenhauers Philosophie kommt im heutigen philosophischen Denken, wenn überhaupt, nur über andere Denker vermittelt vor. Ein indirekter Weg führt von Schopenhauer über Freud zu Bieri.

Einige Gedanken, die Freud später entwickelte, kommen bereits bei Schopenhauer vor. Günter Gödde schreibt, dass Freud selbst die weitgehenden Übereinstimmungen der Psychoanalyse mit der Philosophie Schopenhauers gesehen hat.[100]

Schopenhauer war der erste Denker, der mit dem Unbewussten arbeitete. Wie oben gezeigt wurde, ist der Wille bei Schopenhauer primär unbewusst und kommt erst nachträglich ins Bewusstsein. Hier ist ein wichtiger Anknüpfungspunkt zur Psychoanalyse, denn das Unbewusste spielt bei Freud eine große Rolle. Ein großer Teil der seelischen Vorgänge spielt sich seiner Lehre nach im Unbewussten ab.[101]

So weit es um den Willen des einzelnen Menschen geht, kann man die Triebe in der Psychoanalyse als Entsprechung zum Willen bei Schopenhauer betrachten. Die Triebe und der Wille stehen für einen Drang, ein Streben, die den Menschen zum Handeln nötigen. Die Triebe können uns Freuds Ansicht nach nie rein bewusst werden, sondern sie müssen an

---

100 GÖDDE, Günter: Traditionslinien des „Unbewußten". Schopenhauer – Nietzsche – Freud. Tübingen 1999, S. 416.

101 Siehe z. B. Freuds Essay *Das Unbewußte*. Freud äußert sich dort folgendermaßen: „Es bleibt uns in der Psychoanalyse gar nichts anderes übrig, als die seelischen Vorgänge für an sich unbewußt zu erklären und ihre Wahrnehmung durch das Bewußtsein mit der Wahrnehmung der Außenwelt durch die Sinnesorgane zu vergleichen." FREUD, Sigmund: Studienausgabe. Band III: Psychologie des Unbewußten. Frankfurt am Main 1975, S. 129 f.

ein Objekt geknüpft sein, um erkannt zu werden.[102] Ebenso ist der Wille bei Schopenhauer ursprünglich unbewusst und wird erst nachträglich vom Bewusstsein beleuchtet, wenn auch nie vollständig. „Der Wille ist das Erste und Ursprüngliche, die Erkenntnis bloß hinzugekommen, zur Erscheinung des Willens, als ein Werkzeug derselben, gehörig."[103] Der Wille als Ding an sich oder, auf den Menschen bezogen, der intelligible Charakter, kann ebenso wie die Triebe bei Freud nie restlos erkannt werden.

Freuds und Schopenhauers Vorstellungen von den Trieben sind auch von ihren Inhalten her vergleichbar. In seiner ersten Triebtheorie, in der Freud die Selbsterhaltungstriebe den Sexualtrieben gegenüberstellt, kann man den Trieb als Entsprechung zu Schopenhauers Willen zum Leben betrachten, wie er in den menschlichen Individuen auftritt.[104] Bei Schopenhauer werden die Gemeinsamkeiten dieser beiden lebensbejahenden Triebe deutlich, wenn er betont, dass die Befriedigung des Geschlechtstriebes „das Leben über den Tod des Individuums, in eine unbestimmte Zeit hinaus [bejaht]".[105] Über den Menschen sagt Schopenhauer: „Selbsterhaltung ist sein erstes Streben, und sobald er für diese gesorgt hat, strebt er nur nach Fortpflanzung des Geschlechts: mehr kann er als bloß natürliches Wesen nicht anstreben."[106]

Schopenhauers Gedanken, Selbsterhaltungs- und Geschlechtstrieb nicht als entgegengesetzt zu betrachten, kam Freud später entgegen, indem er in seiner zweiten Triebtheorie den Begriff „Sexualtriebe" als Oberbegriff für alle lebensbejahenden Triebe wählte. Diesen stellte er den Todestrieb gegenüber.

---

102   A. a. O., S. 136.
103   W I, S. 345.
104   Siehe FREUD, Sigmund: Triebe und Triebschicksale. In: Freud, S. 75 – 102.
105   W I, S. 387.
106   W I, S. 289.

Unter dem Begriff „Sexualtriebe" oder „Eros" subsumiert Freud den „ungehemmten Sexualtrieb und die von ihm abgeleiteten zielgehemmten und sublimierten Triebregungen" sowie den Selbsterhaltungstrieb.[107] Freuds Ansicht nach ist den Trieben des Eros gemeinsam, dass „der Eros das Ziel verfolgt, das Leben durch immer weitergreifende Zusammenfassung der in Partikel zersprengten lebenden Substanz zu komplizieren, natürlich es dabei zu erhalten."[108] Damit ist auch das ausgedrückt, was Schopenhauer mit seinem Willen zum Leben meint. Erstaunlich ist an dieser Stelle, dass Freud die Triebe nicht nur als Kräfte ansieht, die in der Psyche des einzelnen Menschen wirken, sondern als Streben in der Natur. Er möchte damit die kosmologische Frage nach der Herkunft des Lebens beantworten.[109] Er geht also mit seinem Denken in den Bereich der Philosophie hinein und beschränkt sich nicht auf Aussagen über die menschliche Psyche, so dass er sich auch in dieser Hinsicht Schopenhauer annähert.

Schopenhauers Willen zum Leben kann man also, wie gezeigt wurde, als Entsprechung zu Freuds Sexualtrieben auffassen. Für den Todestrieb aber, so weit er sich gegen das Individuum selbst richtet, gibt es bei Schopenhauer keine Entsprechung. Die Verneinung des Willens zum Leben kann man auf keinen Fall damit gleichsetzen, denn sie entspringt einer Erkenntnis. Das heißt, sie kann kein Trieb sein, da dieser bereits vor aller Erkenntnis da sein müsste. Die Verneinung des Willens tritt außerdem nur bei einer sehr kleinen Zahl von Individuen jemals auf, während die meisten Menschen den Willen zum Leben bejahen und Anteil an den dazugehörigen Trieben, wie dem Sexualtrieb, haben. Nach Freuds Verständnis sind die Triebe allgemeine seelische Kräfte, die allen Menschen gemeinsam sind. Das gilt für den Todestrieb ebenso wie für die Sexualtriebe.

---

107 FREUD, S. 307.
108 A. a. O.
109 A. a. O., S. 308 f.

Selbstzerstörerische Triebe kennt Schopenhauer überhaupt nicht. Sogar der Selbstmord ist ihm eigentlich ein Ausdruck der Bejahung des Willens zum Leben: „Der Selbstmörder will das Leben und ist bloß mit den Bedingungen unzufrieden, unter denen es ihm geworden. Daher gibt er keineswegs den Willen zum Leben auf, sondern bloß das Leben, indem er die einzelne Erscheinung zerstört."[110]

Ein Teil des Todestrieb richtet sich bei Freud als Destruktionstrieb nach außen.[111] Schopenhauer würde diesen nicht als eigenständigen Trieb betrachten, sondern als so starke Bejahung des Willens eines Individuums, dass es zur Verneinung des Willens anderer kommt: „Hingegen entzündet sich oft der Wille zu einem die Bejahung des Leibes weit übersteigenden Grade, welchen dann heftige Affekte und gewaltige Leidenschaften zeigen, in welchen das Individuum nicht bloß sein eigenes Dasein bejaht, sondern das der übrigen verneint und aufzuheben sucht, wo es ihm im Wege steht."[112]

Die Ideen beider Denker zur Determination sind ähnlich. Freud meint, dass der Mensch durch die seelischen Antriebe bestimmt wird, dass im Seelischen Regelhaftigkeit und gesetzmäßige Verknüpfung herrschen und dass unsere Assoziationen durch Motivationsketten miteinander verbunden sind.[113] Sehr ähnliche Aussagen trifft Schopenhauer mit seiner Lehre von der Gedankenassoziation. Auch er stellt fest, dass für Gedankenassoziationen bestimmte Gesetze gelten.

Bieri bezieht sich ausdrücklich auf Freud, wenn er auch betont, dass er eher locker als strikt an ihn anknüpft. Er übernimmt vor allem das von Freud, was ich einmal seinen therapeutischen Ansatz nennen will, nämlich „dass wir unsere innere Freiheit vergrößern können, indem wir das Verständnis der Innenwelt erweitern, sowohl was ihre innere Logik

---

110   W I, S. 471.
111   FREUD, S. 308.
112   W I, S. 387.
113   SCHÖPF, Alfred: Sigmund Freud. München 1981, S. 142 – 144.

als auch was ihre Entstehung betrifft."[114] Freuds berühmtes Diktum „Wo Es war, soll Ich werden" leitete Bieri bei seiner Idee der angeeigneten Freiheit.

Bieri übernimmt zwar Freuds Instanzenlehre nicht im strikten Sinne, aber er übernimmt von Harry Frankfurt das Modell des hierarchischen Wünschens. Das heißt, es gibt im Psychischen mehrere, mindestens zwei Instanzen, die hierarchisch organisiert sind und bei der Entscheidung zu einer Handlung mitwirken. Diese Stufen des Wünschens erinnern wieder an Freud. Man kann Bieri und Frankfurt in Anknüpfung an Freud so lesen, dass das Ich sich mit den Wünschen, die aus dem Es kommen, identifiziert oder sie ablehnt, je nach dem Urteil des Selbstbildes oder Über-Ich über diese Wünsche.

In dieser indirekten Verbindung von Schopenhauer über Freud zu Bieri hin sind nicht nur Gemeinsamkeiten zu sehen, sondern bereits hier kann man Gegensätze erkennen. Schopenhauer war nicht der Meinung, dass das Unbewusste erkennbar ist. Das Wollen des Menschen ist bei ihm vor aller Erkenntnis da. Dem Individuum kommt nur das zu Bewusstsein, was ihm nützt. Der Intellekt ist nur ein Diener des Willens. Was dem Willen nicht nützt, wird deshalb für immer unbewusst bleiben.

Freud ist in dieser Hinsicht nicht ganz so pessimistisch. Er geht davon aus, dass von den Erlebnissen unserer Lebensgeschichte im Prinzip nichts verloren geht. Doch er meint, dass Erinnerungen, die ins Unbewusste verdrängt wurden, nicht ohne weiteres zugänglich sind. Aber in der Psychoanalyse kann man diese wieder erinnern. Für eine Selbsterkenntnis dieser Art ist ein kommunikativer Austausch und ein daraus resultierendes Verstehen der konkreten Lebensgeschichte notwendig.[115]

---

114 BIERI, Peter: Das Handwerk der Freiheit. Über die Entdeckung des eigenen Willens. Frankfurt am Main 2003, S. 445.
115 SCHÖPF, S. 94, 118 f.

Für Freud und Bieri ist die Möglichkeit wichtig, größere Freiheit und damit größere Zufriedenheit im Leben durch ein besseres Verständnis seiner selbst zu erlangen. Auch bei Schopenhauer gibt es den Weg zu größerer Zufriedenheit durch Selbsterkenntnis, aber diese kann bei ihm niemals durch Heraufholen von Erkenntnissen aus dem Unbewussten ins Bewusstsein geschehen, sondern nur durch die Erfahrung. Dadurch, dass wir uns selbst beim Handeln in der Welt beobachten, erkennen wir erst unseren Charakter, niemals durch bloßes Nachdenken.

Bevor ich nun weiter vorgreife, möchte ich erst einmal darauf zu sprechen kommen, wie Bieri das Problem der Willensfreiheit betrachtet und wie seine Methode auf dem Weg zu einer Lösung aussieht.

Im Bereich der Natur ist Bieri ein Anhänger des Determinismus, aber er möchte das Wort wegen seiner negativen Assoziationen meiden. Er meint nicht wie Schopenhauer, dass die Idee der Freiheit per se mit dem Determinismus unvereinbar ist. Für den Bereich des menschlichen Handelns behält er es sich vor, auch die Innenperspektive von Handlungen zu analysieren, in der wir uns als frei verstehen. Er betrachtet es als Dilemma, dass wir sowohl die Vorstellung von Freiheit als auch die Bedingtheit von Handlungen brauchen, um unserer Erfahrung von Handlungen gerecht zu werden, denn diese beiden Vorstellungen können nicht miteinander in Einklang gebracht werden. Wenn der Wille durch Ursachen bedingt ist, droht die Freiheit und damit der Charakter echten Wollens verloren zu gehen. Wenn der Wille dagegen unbedingt frei ist, ist er ein uns unverständlicher, entfremdeter Wille, dessen Idee von Zufälligkeit nicht der Idee der Freiheit entspricht.[116]

Bieri beginnt seine Untersuchung, indem er die fraglichen Ideen und Begriffe selbst zum Thema macht und sie in ihrer sprachlichen Verwendung betrachtet.[117] So geht er den Fra-

---

116   BIERI, S. 19 – 23.
117   A. a. O., S. 29.

gen nach, was Freiheit, Verantwortung, eine Handlung, der Wille überhaupt sind, also der Frage nach dem Wesen oder der Essenz der Dinge. Wir sehen, dass Bieri die alten Fragen der Metaphysik noch einmal stellt, sie aber nach einer modernen Methode zu lösen versucht. Bieri möchte diese Fragen etwas anders stellen, nämlich auf die Weise: „Welchen Beitrag leistet der Begriff der Freiheit zu unserer Erfahrung?" Er will diejenigen Begriffe herausarbeiten, die sich mit der Erfahrung überhaupt beschäftigen, die für die Idee einer erfahrbaren Welt unverzichtbar sind. Nicht nur die Analyse von Begriffen ist ihm wichtig, sondern die Artikulation von Erfahrungen, besonders von innerer Wahrnehmung.[118] Bieri geht nicht strikt sprachanalytisch vor, sondern vor allem erzählerisch. Anhand von Beispielen versucht er, dem Leser anschaulich zu machen, was wir als Freiheit bzw. Unfreiheit erleben.

3.2. Die Idee einer Handlung

Handlungen sind für Bieri Körperbewegungen mit einer Innenseite. Sie sind mit der Erfahrung eines aktiven Tuns verbunden im Gegensatz zu Bewegungen, die wir nur erleiden, z. B. bei einem epileptischen Anfall. Eng damit verbunden ist ebenfalls der Gedanke, dass jemand Urheber einer Handlung ist und dass die Handlung in diesem Sinne Ausdruck eines Willens ist. Die Handlung ergibt für den Beobachter einen Sinn, er kann durch Benennung des zu Grunde liegenden Willens erklärt und interpretiert werden. Mit dem Sinn und der Verstehbarkeit einer Handlung würde nach Bieri auch der Eindruck der Verstehbarkeit und damit die Innenseite der Handlung für den Beobachter verschwinden.[119]

---

118   A. a. O., S. 154 – 161.
119   Bieri gibt an, sich mit seiner Handlungstheorie auf Harry Frankfurt zu stützen, und zwar seinen Aufsatz *The problem of action*. (In: FRANKFURT, Harry G.: The importance of what we care about. Cambridge 1988, S. 69 – 79.) Frankfurt geht weniger auf den Kontrast zwischen Innen- und Außenseite einer Handlung ein, sondern betont

Mit dem Erleben des Führens im Sinne eines Tuns ist auch das Erleben eines Bewegungsspielraumes verbunden. Eine Möglichkeit unter anderen wird verwirklicht. Wenn uns diese Erfahrung des Bewegungsspielraumes verloren ginge, verlören wir nach Bieri das Bewusstsein, aus einem Willen heraus etwas zu tun.

Die Innenperspektive ist also Bieris Vorstellung nach mit einer ersten, elementaren Erfahrung von (Wahl-)Freiheit verbunden. Die Bedingtheit spielt aber genauso eine große Rolle: „Erlebte Urheberschaft ist erlebte Bedingtheit durch den Willen."[120] Das heißt, der eigene Wille ist die Ursache der Handlung, nicht der Zufall oder etwas außerhalb des Handelnden selbst.

Im Prinzip ist bei Bieri alles eine Handlung, was von einem Subjekt als Urheber gelenkt wird. Das kann auch auf Unterlassungen ebenso wie innere Handlungen zutreffen. Das Ausführen einer Handlung ist bei Bieri mit der Erfahrung von Freiheit verbunden in dem Sinne, dass wir das Gefühl haben, unter mehreren Handlungsmöglichkeiten wählen zu können. Geht man von der Innenperspektive aus, liegt die Betonung auf der Freiheit der Wahl, nimmt man dagegen die Außenperspektive des Beobachters ein, ist die Bedingtheit offensichtlich.

Kausalität ist für Bieri weniger wichtig als für Schopenhauer. Bieri bezweifelt nicht, dass im Bereich der Natur alles nach dem Kausalitätsgesetz abläuft, aber er leitet daraus nicht die Annahme ab, dass der Mensch in seinen Handlungen unfrei ist. Vielmehr lässt er an dieser Stelle die Frage nach der Freiheit noch offen. Fest steht für ihn nur, dass aus der Bedingtheit noch nicht zwangsläufig eine Unfreiheit folgt. Die von Schopenhauer als Täuschung entlarvte Innenperspektive, nach der wir uns frei fühlen, zwischen verschiedenen Möglichkeiten zu wählen, nimmt Bieri als einen Teil der mensch-

---

vor allem seine Definition einer Handlung als „absichtliche Bewegung" (intentional movement) des Handelnden.

[120] BIERI, S. 31 – 35.

lichen Erfahrung ernst, der ebenso eine Berechtigung hat wie die Erfahrung der Kausalität. Die Analyse dieser Freiheitserfahrung ist für Bieris Vorstellungen von der Willensfreiheit wesentlich.

Auch bei Schopenhauer gibt es eine Innenperspektive, die uns sagt, dass wir uns in jedem Moment als wollend empfinden, woraus wir schließen, dass auch alle anderen Wesen als wollend beschrieben werden können. Aus dieser Beobachtung entwickelte Schopenhauer seine Willensmetaphysik. Für Bieri kann der Wille nicht auf diese Weise zum Problem werden wie für Schopenhauer, da es gar nicht seine Absicht ist, mehr als eine Theorie des Handelns aus einer Freiheit des Willens heraus aufzustellen. Es geht ihm um den Begriff der Person, nicht um die Beschaffenheit der Welt, die bei ihm nur eine Rolle spielt, so weit sie Personen Handlungsmöglichkeiten bietet. Der Wille ist bei ihm nicht mehr als derjenige der vielen Wünsche einer Person, der handlungswirksam wird.

3.3. Der Wille

Die Zuschreibung eines Willens beinhaltet für Bieri die Zuschreibung eines Wunsches. Doch nicht alle unsere Wünsche sind handlungswirksam, wie schon bei Schopenhauer dargestellt wurde. Ein Wunsch wird nur dann zum Willen, wenn er uns in Bewegung setzt. Wenn wir etwas wollen, beschäftigt sich unser Denken mit der Wahl der Mittel, die zur Erfüllung des Wunsches führen. Für einen bloßen Wunsch muss das nicht der Fall sein. Darüber hinaus sind wir bereit, die nötigen Schritte zu tun, wenn wir etwas nicht nur wünschen, sondern auch wollen.

Bis hierher stimmen Schopenhauers und Bieris Ansätze überein. Auch Schopenhauer unterscheidet zwischen Wunsch und Wille, und auch bei Schopenhauer ist es der Wille derjenige Wunsch, der zur Handlung führt.

Die Grenzen des Willens bestehen bei Bieri einerseits darin, was die Wirklichkeit zulässt und was nicht, und andererseits in der Begrenztheit unserer Fähigkeiten. Man kann nur wollen, was möglich ist, aber etwas Unmögliches wie die Änderung der Vergangenheit kann man nach Bieri nur wünschen und nicht wollen. Aber nicht die Wirklichkeit selbst setzt unserem Wollen Grenzen, sondern das, was wir über sie glauben. Wir können uns über die Grenzen des Möglichen täuschen, indem wir Dinge für unmöglich halten, die sich später als möglich herausstellen, und umgekehrt. Auch was unsere Fähigkeiten betrifft, können wir uns täuschen. Es ist möglich, dass man erst nach einem misslungenen Versuch herausfindet, dass man etwas nicht kann, oder umgekehrt, dass man seine Fähigkeiten unterschätzt. „Für das Wollen kommt es nicht auf die wirklichen Fähigkeiten an, sondern auf die vermeintlichen. Nicht auf die Fakten, sondern auf das Selbstbild."[121] Wir können nur etwas wollen, von dem wir glauben, dass wir es können.

Der Wille ist nach Bieri also ein Zusammenspiel zwischen Wunsch, der Überzeugung von der Möglichkeit der Erfüllung des Wunsches, der Überlegung über die Wahl der Mittel und die Bereitschaft, das Nötige zu tun.

Auch ein Nichtstun und Gewährenlassen kann nach Bieris Meinung Ausdruck eines Willens sein. Der Wille ist auch hier ein Wunsch, der gegenüber anderen, gegenläufigen Wünschen die Oberhand behält. Für die oben gestellte Frage nach der Definition einer Handlung bedeutet das, dass auch Unterlassungen unter den Handlungsbegriff fallen.

Der Wunsch unterscheidet sich vom Willen wesentlich in der Bereitschaft zum Handeln. Die Rede vom Wollen bei unmöglichen Dingen beurteilt Bieri als bloßes rhetorisches Mittel, um die Stärke es Wunsches auszudrücken, nicht als tatsächliches Wollen.[122]

---

121 A. a. O., S. 36 – 39.
122 A. a. O., S. 40 – 42.

Der Wille bleibt Wille, auch wenn er am Tun gehindert wird, oder anders ausgedrückt, eine Person, die keine Handlungsfreiheit hat, kann immer noch die Freiheit der Entscheidung besitzen. Nur schlichtweg Unmögliches, wie die Vergangenheit zu ändern oder die Welt neu zu erschaffen, kann man laut Bieri gar nicht wollen, sondern nur wünschen. Wenn man sich über die Beschaffenheit der Welt oder über seine eigenen Fähigkeiten täuscht, ist es trotzdem ein Wille, der einen dazu antreibt, das zu tun, was man zur Verwirklichung dieses Willens für nötig hält. Wenn man seinen Irrtum erkennt, wird sich der Wille ändern. Dass sich der Wille ändern kann, bedeutet nicht, dass er ein bloßer Wunsch ist, meint Bieri. Das Wesen eines Willens ist ja, dass er zur Handlung oder zumindest zur Handlungsbereitschaft führt, und das ist auch dann gegeben, wenn man sich vorher über den möglichen Erfolg der Handlung täuscht.

Im Prinzip ist es Bieris Theorie nach möglich, dass man sich über seinen Willen bereits vor der gewollten Handlung bewusst ist. Es ist nicht wie bei Schopenhauer, dass man erst mit der Tat erfährt, was man will. Allerdings ist erst noch zu klären, ob Bieris Gedanken ohne inneren Widerspruch sind. Man kann es nämlich auch so betrachten: Ein Wille ist ein handlungswirksamer Wunsch. Dass ein Wunsch handlungswirksam ist, kann man aber erst dann wissen, wenn man gehandelt hat. Vorher kann man noch nicht wissen, ob man wirklich so handeln wird, wie man es sich im Moment wünscht, denn es kann immer noch ein anderer Wunsch den Sieg über die entgegengesetzten Wünsche davontragen. Erst wenn die Handlung vollzogen ist, kann man seinen Entschluss nicht mehr ändern. Also kann man erst nach der Handlung wissen, was man will.

Gehen wir einmal davon aus, dass jemand den Willen hat, aus einem Land zu fliehen, von dessen Regierung er wegen seiner politischen Meinung Repressionen zu befürchten hat. Nach langem Überlegen ist es ihm gelungen, sich zu diesem Willen durchzuringen. Ein Gegenmotiv bilden seine Freunde im Widerstand, die er ungern im Stich lässt. Aber die Sorge um seine Familie, die er in Sicherheit wissen möchte, und die Angst um das eigene Leben bringen ihn dazu, zusammen mit Frau und Kindern das Land zu verlassen. Er leitet alles für die Flucht in die Wege, besorgt falsche Pässe, packt seine Sachen, und es sieht so aus, als wäre sein Wunsch zu fliehen handlungswirksam. Aber am Ende tut er es doch nicht. Er kann es nicht. Der Gedanke an seine Freunde, in deren Augen er als Feigling dastehen würde, ist stärker, er schickt die Familie ins Exil und bleibt. War nun sein Entschluss zu fliehen ein Wille oder ein bloßer Wunsch? Ich denke, wenn man Bieris Gedanken folgt, kann man es so sehen, dass es auf den jeweiligen Moment ankommt, den man gerade betrachtet. Der Mann in dem Beispiel hatte tatsächlich die Absicht zu fliehen, er war zur entsprechenden Handlung bereit. Doch dann änderte er seinen Entschluss, und ein anderer Wunsch wurde handlungswirksam. Der Wunsch ins Exil zu gehen war nicht mehr sein Wille, er wurde von dem Willen zu bleiben abgelöst. Man sollte den Willen besser durch die Bereitschaft zum Handeln vom Wunsch unterscheiden, nicht erst dadurch, dass er sich später als handlungswirksam erweist. Dann wird man der alltäglichen Erfahrung besser gerecht, dass wir alle unsere Entscheidungen ändern können, ohne dass wir diese Entscheidungen als Illusionen betrachten müssen, wie Schopenhauer es tut.

Im Prinzip kann jede Entscheidung, die ja eine Willensbildung ist, unendlich oft widerrufen werden. Bieri betont diese Möglichkeit. Begriffliche Probleme gibt es damit nicht. Die Probleme wären höchstens praktischer Art, da es kaum machbar und auch nicht wünschenswert wäre, Entscheidungen unendlich oft zu ändern, aber darum soll es an dieser Stelle nicht gehen.

Schopenhauer betrachtet Entscheidungen nur aus der Vergangenheitsperspektive, und zwar im Lichte der tatsächlich erfolgten Handlung. Nicht handlungswirksam gewordene Entscheidungen sind für ihn keine Entscheidungen. Bieri dagegen betrachtet jeden Moment einzeln. Für ihn ist auch die Zeit vor der Handlung wichtig. Auch dann kann man die

Frage nach dem Willen schon sinnvoll stellen. Wann sich der Wille bildet, der am Ende handlungswirksam sein wird (oder - um Schopenhauers Gedanken aufzugreifen - wann ich erfahre, was ich will), ist dann keine prinzipielle Frage mehr, sondern eine Frage des Einzelfalles. In einem Fall ist die Entscheidung möglicherweise von Anfang an klar, in einem anderen Fall mag ein gewisses Schwanken zwischen zwei Wünschen vorhanden sein, zu denen ich abwechselnd eine Handlungsbereitschaft entwickle, bevor ich die Handlung endgültig vollziehe, und in einem dritten Fall ändere ich vielleicht mehrmals meinen Willen, je nachdem, wie sich mir die Umstände in dem jeweiligen Moment darstellen. Entscheidungen sind manchmal nicht endgültig, aber sie sind keine Illusionen.

Ein Vorteil von Bieris Willensidee ist das Fehlen eines Gefühls der Ohnmacht des Intellekts gegenüber einem prinzipiell unerkennbaren Willen wie bei Schopenhauer. Dazu kommt die Möglichkeit, in jedem Moment - vor, während und nach der Handlung - nach dem Willen und seiner Freiheit zu fragen, nicht erst im Lichte der bereits vollzogenen Handlung. Die Untersuchung des Willens wird transparenter. Es war eine schwer vermittelbare Idee bei Schopenhauer, dass der Wille ohne Mitwirkung der bewussten Erkenntnis die Entscheidung zur Handlung fällt und das Erkenntnisvermögen nur Zuschauer bleibt. Es entspricht einfach nicht unserem Erleben, dass wir mit unserem Erkenntnisvermögen unserem Willen gegenüber so hilflos sind, dass wir nicht einmal wissen können, was wir als nächstes wollen werden. Bieri ist diesbezüglich näher an unserer Erfahrung. Intellekt und Wille fallen bei Bieri nicht auseinander wie bei Schopenhauer. Der Intellekt kann den Willen in jedem beliebigen Moment beleuchten und uns Auskunft über unseren konkreten Willen und über dessen Freiheit oder Unfreiheit geben.

3.4. Handlungsfreiheit und Entscheidungsfreiheit

Die Handlungsfreiheit ist für Bieri die Möglichkeit, das, was man will, in die Tat umzusetzen. Schopenhauer hatte dies als physische Freiheit bezeichnet. Wer in diesem Sinne frei ist, sagt: „Ich kann tun, was ich will." Diese Freiheit fehlt nach Bieri z. B. dem Gelähmten, der aufstehen will, und dem Gefangenen, der weglaufen will.

Man kann im Sinne der Handlungsfreiheit sagen, dass jemand auch anders handeln kann. Das ist eine Frage der Gelegenheiten, die die Welt dem Handelnden bietet, der finanziellen Mittel sowie der Fähigkeiten des jeweiligen Handelnden. Was ein Mensch wünscht und welcher Wunsch handlungswirksam wird, hängt von den äußeren Umständen ab, nämlich von den Angeboten und Gelegenheiten, die man hat. Man kann z. B. nur einen Beruf ergreifen wollen, den es in unserer Gesellschaft gibt. Über all diese Dinge kann man sich Bieris Ansicht nach aber auch täuschen, so dass die objektive Freiheit manchmal größer ist als die vermeintliche.[123]

Wir brauchen die Bestimmtheit und die Grenzen des Willens, damit der Wille ein bestimmter sein kann. Innerhalb dieses Spielraumes beeinflussen körperliche Bedürfnisse, Gefühle, die Geschichte eines Menschen und der Charakter, der laut Bieri das Ergebnis der Lebensgeschichte ist, was der Mensch will. Nur dadurch, dass der Wille in einer Innenwelt mit festen Konturen verankert ist, ist er überhaupt *jemandes* Wille. Die Abhängigkeit von äußeren und inneren Umständen ist also kein Hindernis, sondern eine Voraussetzung der Freiheit. Die prinzipielle Bedingtheit des Willens durch unsere Geschichte kann uns Bieris Meinung nach nicht stören. Da man sich mit dem Willen, den man hat, identifiziert, ergibt die Behauptung, dass man unfrei in seinem Willen ist, da er durch die persönliche Geschichte bedingt ist, keinen Sinn, da man genau diesen und keinen anderen Willen haben will. Es

---

123 A. a. O., S. 43 – 49.

gibt keine Instanz innerhalb des Betreffenden, die sich darüber hinaus noch über die Unfreiheit beklagen könnte.

Ich erinnere noch einmal an Birnbacher (siehe oben S. 26 f.), der die Bedingtheit aller Ereignisse als positiv ansieht. Der wesentliche Unterschied zur Unfreiheit besteht seiner Meinung nach darin, dass die Kausalität, die unsere Zukunft bestimmt, durch unsere Willensentscheidungen hindurch geht. Außerdem glaubt er, dass das Gegenteil von Determiniertheit, nämlich Zufälligkeit, noch weniger wünschenswert ist, da sie noch viel weniger als Begründung für die Freiheit taugt. Darin stimmt Birnbacher mit Bieris Gedanken überein.

Es ist auch denkbar, dass sich zwar niemand über die Unfreiheit beklagt, diese aber gegeben ist und akzeptiert wird, wie bei Schopenhauer. Der Unterschied folgt aus den unterschiedlichen Freiheitsbegriffen Schopenhauers und Bieris. Bieri bevorzugt es offenbar, an einer Stelle von Freiheit zu sprechen, wo es sich ontologisch betrachtet um dasselbe handelt wie bei Schopenhauers Determinismus. Weiter unten werde ich darauf ausführlicher eingehen.

Einige kurze Bemerkungen zum Charakter: Schopenhauer sieht ihn als angeboren und unveränderlich an. Die einzige Chance, zu mehr Zufriedenheit zu gelangen, besteht seiner Meinung nach darin, seinen eigenen Charakter zu erkennen und ihm gemäß zu handeln, um sich Irrtümer und Leiden zu ersparen. Das Ergebnis nennt er den erworbenen Charakter. Bieri dagegen meint, dass der Charakter aus der Lebensgeschichte eines Menschen entstanden ist. Kein Unterschied besteht zwischen beiden Auffassungen bezüglich der Determiniertheit. Man kann sich auf beide berufen, wenn man sich für eine moralisch schlechte Handlung rechtfertigen will: „Ich konnte nicht anders." Einmal ist es der unveränderliche, angeborene Charakter, der mich zu einem schlechten Menschen machte, ein anderes Mal die Lebensgeschichte, die mich leider zu dem Bösewicht werden ließ, der ich wurde. Es ist einerlei. Der Unterschied besteht meiner Meinung nach in den Assoziationen, die die Rede vom angeborenen oder durch die Lebensgeschichte entstandenen Charakter weckt, und die damit verbundenen Intentionen beider Autoren. Man denkt an die Unausweichlichkeit des Schicksals, wenn Schopenhauer sagt, dass der Charakter von Geburt an der gleiche und unveränderlich ist. Mit dieser Vorstellung von Starrheit kann er seinen Determinismus, der auf absolute Unfreiheit (außer in einem transzendenten Bereich) abzielt, besser untermauern. Ganz anders wirkt es, wenn der Charakter sich verändern und entwickeln kann. Man glaubt dann eher, dass der Charakter beeinflussbar ist, auch von einem selbst. Wenn man unter einem Charakter leidet, den man selbst nicht mag, muss man die Hoffnung nicht aufgeben, dass sich im Laufe des Lebens alles noch ändern kann. Das passt zu Bieris Intention, trotz der Determiniertheit allen Geschehens eine Freiheit aufzuzeigen. Man sollte sich von diesen Assoziationen als Leser nicht beeinflussen lassen, denn von der Sache her ändert sich nichts. Der Charakter ist nur einer der Faktoren einer durchweg determinierten Handlung, egal wie er zustande kommt. Die Wahrheit mag wohl in der Mitte liegen: Der Charakter ist zum großen Teil durch die Gene vererbt, aber wie er sich ausprägt, welche Merkmale sich stärker oder schwächer zeigen, hängt von den äußeren Umständen ab, die einem Mensch während seines Lebens begegnen.

Entscheiden ist Bieris Meinung nach die Willensbildung durch Überlegen. Was bei Schopenhauer nur ein Vorhalten der Motive vor den Willen war, der erst mit der Handlung ganz unbeeinflusst von der Erkenntnis entscheidet, was er will, ist bei Bieri eine wirkliche Entscheidung. Bei Wünschen, die dem Gehalt nach nicht zusammen erfüllt werden können, muss man für einen Wunsch Partei ergreifen und den anderen ausschließen als einen Wunsch, der nie zum Willen werden kann, z. B. bei der Berufswahl.[124]

Die Freiheit der Entscheidung ist bei Bieri die Willensfreiheit. Im Gegensatz zur Handlungsfreiheit, die darin besteht, dass man handeln kann, wie man will, ist die Freiheit der Entscheidung die Freiheit, sich einen Willen zu bilden.

---

124   A. a. O., S. 64 f.

Es gibt also, im Gegensatz zu Schopenhauer, bei Bieri die Erfahrung des Entscheidens. Sie ist keine Illusion. Dass Entscheidungen jederzeit widerrufbar sind bzw. dass eine Entscheidung von einer anderen abgelöst werden kann, bedeutet nicht, dass die betreffende Entscheidung keine wäre. Auch Bieri meint, dass wir erst mit der Handlung wissen, was wir wollen. „Es ist uns unmöglich, im voraus abschließend zu wissen, was wir wollen und tun werden."[125] Seine Erklärung dafür besagt, dass manchmal gerade der Gedanke daran, wie unser Wille normalerweise verläuft, den Ausschlag dazu gibt, diesmal anders zu handeln. Voraussetzung ist dabei natürlich, dass man mit seinem Willen, wie er in der Vergangenheit war, unzufrieden ist. Man kann das so wie Schopenhauers Gedanken interpretieren, dass jemand gerade um zu beweisen, dass er frei ist, etwas tut, was er sonst nicht tun würde, wobei er aber beweist, dass sein Handeln bedingt ist, denn die Absicht des Beweisens ist das zureichende Motiv. Der einzige Unterschied ist, dass er es sich bei Bieri selbst beweisen will, bei Schopenhauer aber einem anderen.

Die Phantasie hilft uns dabei, uns die Folgen unserer Handlungen auszumalen und uns vorzustellen, wie wir uns danach fühlen werden. Außerdem hilft die Phantasie, Wünsche und damit einen möglichen Willen zu erkennen, von dem wir vorher nichts wussten. Wenn wir diese Wünsche festhalten und dechiffrieren, kann sich laut Bieri die innere Freiheit vergrößern. Die Freiheit des Willens liegt nach Bieris Ansicht in der Größe der Phantasie und der Selbsterkenntnis.[126]

Um zwischen einander ausschließenden Wünschen entscheiden zu können, braucht man die Fähigkeit eines kritischen Abstands zu sich selbst. Man kann diesen Abstand aufbauen, indem man Gedanken zweiter Ordnung über die ursprünglichen Gedanken bildet und ebenso Wünsche zweiter Ordnung über die ursprünglichen Wünsche. Wir bewerten dann

---

125 A. a. O., S. 77.
126 A. a. O., S. 65 - 70.

unsere Wünsche im Lichte höherstufiger Wünsche. Nach der erfolgten Bewertung ist es aber notwendig, den Abstand wieder aufzugeben, einen entsprechenden Willen entstehen zu lassen (das heißt sich mit dem Wunsch zu identifizieren) und die Handlung zu vollziehen.[127]

Die Idee der Willensfreiheit besagt nach Bieri: „Ich könnte auch anders wollen, wenn ich anders urteilte." Wenn der Wille dem Urteil gehorcht, ist der Mensch frei. Wenn der Wille vom Urteil unabhängig ist, z. B. bei einem Süchtigen, der von seiner Sucht nicht loskommt, obwohl er es möchte, dann ist keine Willensfreiheit vorhanden. „Ich kann nicht anders" kann einmal für die Unfreiheit stehen: „...obwohl mir mein Urteil etwas anderes rät." Es kann aber auch für die Freiheit stehen, nämlich für das Gewicht der Gründe, die für die Handlung sprechen, die man will.[128] Da ich mich mit dieser Handlung identifiziere, bin ich frei.

Die Idee der Wünsche zweiter Ordnung, in deren Licht wir unsere Wünsche erster Ordnung bewerten, hat Bieri von Harry Frankfurt übernommen. Frankfurt[129] schreibt, dass Menschen sich wünschen können, bestimmte Wünsche und Motive zu haben oder nicht zu haben. Sie können anders sein wollen, als sie sind. Der Wille ist bei Frankfurt ein handlungswirksamer Wunsch und identisch mit einem oder mehreren der Wünsche erster Stufe. Wenn jemand einen bestimmten Wunsch haben möchte, redet Frankfurt von einem Wunsch zweiter Stufe, und wenn jemand möchte, dass ein bestimmter Wunsch sein Wille ist, also handlungswirksam wird, redet Frankfurt von einer Volition zweiter Stufe. Die Fähigkeit, Volitionen zweiter Stufe zu bilden, ist seiner Meinung nach wesentlich fürs Personsein. „Wenn eine *Person* handelt, dann leitet sie entweder der Wille, den sie haben möchte, oder ein Wille, den sie los sein will. Wenn einer

---

127 A. a. O., S. 71 f.
128 A. a. O., S. 80 – 84.
129 FRANKFURT, Harry: Willensfreiheit und der Begriff einer Person. In: Freiheit und Selbstbestimmung. Hg. von Betzler, Monika / Guckes, Barbara. Berlin 2001, S. 65 – 83.

triebhaft handelt, dann gilt keines von beiden."[130] Da eine Person Volitionen zweiter Stufe haben kann, folgt daraus, dass die Freiheit des Willens für sie ein Problem sein kann.

Willensfreiheit heißt bei Frankfurt: Jemand ist frei, den Willen zu haben, den er haben möchte, wenn der Wille mit den Volitionen zweiter Stufe übereinstimmt, d. h. wenn er den Willen hat, den er haben möchte. Wenn beide auseinander treten oder nicht das eigenen Werk, sondern nur ein glücklicher Zufall sind, empfindet die Person einen Mangel und hat keine Willensfreiheit. Das ist z. B. bei einem Süchtigen wider Willen der Fall.

Konflikte zwischen den Wünschen zweiter Stufe sind möglich. Dauert dieser Konflikt an und kann sich die Person nicht mit irgendeinem ihrer Wünsche erster Stufe identifizieren, zerfällt die Person. Das führt entweder zu vollständiger Untätigkeit oder zur Entzweiung des Betroffenen und seines Willens, d. h. der Wille agiert dann ohne die Beteiligung der Person. Eine Person kann bei einem Widerstreit von Wünschen und Volitionen zweiter Stufe Wünsche und Volitionen höherer Stufe haben, theoretisch bis ins Unendliche, bevor sie sich mit einem ihrer Wünsche identifiziert. Auch das unendliche Fortführen der Stufen führt zur Zerstörung der Person. Wenn man sich entschlossen mit einem seiner Wünsche der ersten Stufe identifiziert, ist kein Raum für höhere Stufen.

Die höherstufigen Wünsche und Volitionen Frankfurts übernimmt Bieri nicht. Es gibt für ihn nur Wünsche und Volitionen erster und zweiter Stufe. Wünsche und Volitionen zweiter Stufe nennt er Urteile und Bewertungen der Wünsche erster Stufe oder auch Selbstbilder. Das Selbstbild beruht auf Wünschen des Inhalts, wie ich gerne sein würde. Diese müssen in einem emphatischen Sinne *meine* Wünsche sein, mit denen ich identifiziert bin. Selbstbilder verlangen nicht nach Wünschen oder Selbstbildern höherer Stufen, denn Bieri meint, dass die Wünsche und Volitionen zweiter Stufe von denen der ersten Stufe nicht strikt getrennt sind.

---

130   A. a. O., S. 75.

Das kann nicht ganz überzeugen. Ich verstehe Bieri so, dass man dann, wenn es völlig unproblematisch gelingt, die Wünsche, die zum Selbstbild gehören, zum Willen werden zu lassen, wenn man sich also unmittelbar mit seinen Wünschen identifiziert, kaum genau trennen kann, welcher Wunsch der ersten oder zweiten Stufe angehörte. Anders ist es dagegen, wenn die Freiheit nicht gelingt, wenn man sich mit seinem Willen nicht identifiziert, wie es z. B. einem Süchtigen wider willen passiert. Dann treten Selbstbild und Wille erster Stufe sehr deutlich auseinander. Dort ist der Punkt, wo sich auch Wünsche höherer Ordnungen bilden können, die die Wünsche zweiter Ordnung bzw. das Selbstbild prüfen und beurteilen. Andererseits kann man sich einen Fall denken, in dem jemand einen Wunsch höherer Stufe bildet, der aus der Motivation heraus entsteht, sein Selbstbild auf Stimmigkeit zu überprüfen, auch dann, wenn auf den ersten Blick Selbstbild und Wunsch erster Stufe übereinstimmen. Diesen Fall gibt es bei Bieri auch, und ich würde ihn, im Gegensatz zu Bieri selbst, mit dem an Harry Frankfurt angelehnten Modell höherstufiger Wünsche erklären. Frankfurt selbst fügte seiner Theorie später hinzu, dass die Motivation bei der Bildung von Wünschen höherer Ordnung vergleichbar sei mit der, die jemand hat, der eine Rechenaufgabe mehrmals rechnet, um die Wahrscheinlichkeit zu erhöhen, dass er richtig gerechnet hat. Die Entscheidung wird dann beendet und die Bildung höherer Ordnungen vermieden, wenn der Betreffende davon überzeugt ist, keinen Fehler gemacht zu haben, oder wenn er meint, dass die Kosten weiterer Prüfung größer wären als der Wert, den er der Vermeidung der Wahrscheinlichkeit eines Fehlers beimisst. Dann identifiziert sich der Betreffende von ganzem Herzen mit seinem Wunsch und übernimmt Verantwortung für ihn.[131] Auf diese Weise macht Frankfurt es plausibler, dass

---

131 FRANKFURT, Harry G.: Identifikation und ungeteilter Wille. In: Frankfurt 2001, S. 116 – 137. Der betreffende Aufsatz, der im Original den Titel *Identification and wholeheartedness* trägt, erschien zuerst 1987. Damit ergänzte Frankfurt teilweise sein zuerst 1971 in seinem Aufsatz

das Bilden von höherstufigen Wünschen nicht willkürlich beendet wird.

Bieri kann mit seiner These, dass Wünsche erster und zweiter Stufe nicht strikt getrennt sind, nicht überzeugen, da das nur für den Teil der Fälle so ist, in denen sich der Betreffende ohne Vorbehalt mit seinem Willen identifiziert. Wenn das nicht der Fall ist, trifft seine These nicht zu. Die Motivation, Wünsche dritter und höherer Stufe zu bilden, kann er nicht beseitigen. An dieser Stelle finde ich Frankfurts Gedanken plausibler.

Es ist ein Fall denkbar, in dem ein Mensch kein konstantes Selbstbild hat, sondern von Selbstzweifeln geplagt wird und zu ständiger Überprüfung seiner Entscheidungen gezwungen ist. Eine Identifikation ist dann nicht möglich. Auch im Nachhinein kann jemand noch an seinen früheren Handlungen zweifeln. Von echter Reue ist dies dadurch zu unterscheiden, dass die betreffende Handlung nicht unbedingt einer moralischen Norm widersprechen muss. Der Handelnde wird sich nur ständig fragen: „War das wirklich das, was ich wollte?" Dies ist wohl das, was Frankfurt als Zerstörung der Person durch eine Ausbildung von unendlich vielen höheren Ordnungen von Wünschen meinte. Von Freiheit kann in diesem Beispiel nicht die Rede sein. Aber es zeigt, dass es eine Motivation geben kann, Wünsche höherer Ordnung auszubilden. Bieri würde diese aber wahrscheinlich nicht als Wünsche höherer Ordnung ansehen, sondern als inneren Dialog zwischen dem Selbstbild und den Wünschen erster Stufe. Aber auch dann trifft seine These, dass Wünsche erster und zweiter Stufe nicht strikt getrennt sind, auf dieses Beispiel nicht zu. Beide treten, im Gegenteil, sehr deutlich auseinander. Gegen den Wunsch erster Stufe tritt ja nicht nur ein einfacher Gegenwunsch auf den Plan, sondern ein Urteil über diesen Wunsch, nämlich, dass man eigentlich etwas anderes wollen könnte, auch wenn es noch gar keinen entsprechenden anderen Wunsch erster Stufe gibt.

Freedom of the will and the concept of a person entwickeltes hierarchisches Modell des Wünschens.

Ich möchte noch einmal die Möglichkeiten der Stellungnahme zum Determinismus ansprechen und dabei wieder Frankfurt zu Rate ziehen. Frankfurt meint, sein Begriff der Willensfreiheit sei gegenüber dem Determinismus neutral. Es ist für ihn vorstellbar, dass es kausal bestimmt ist, dass jemand einen freien Willen hat, aber ebenso kann er sich vorstellen, dass jemand zufällig frei ist, den Willen zu haben, den er haben möchte, oder dass die Willensfreiheit weder durch Zufall noch als Folge natürlicher Ursachen, sondern auf irgendeine andere Weise zustande kommt.[132] Bieri schließt sich dem nicht an. Er neigt zu einer deterministischen Lösung. Die Willensfreiheit ist bei ihm eine bedingte Freiheit, wie er immer wieder betont. Er erkennt auch an, dass Freiheit zum Teil Glückssache ist: Einigen Menschen gelingt es besser, einen freien Willen auszubilden, während andere sich mehr darum bemühen müssen.[133] Diese Art von Zufall ist aber natürlich nur relativ. Die Eigenschaften, die den einen zu mehr Freiheit befähigen als den anderen, haben zureichende Gründe, aber die einzelnen Menschen erleben es als Zufall, dass gerade sie von bestimmten Eigenschaften betroffen sind, und erleben sie als Glück oder Unglück.

Auf den ersten Blick sieht es so aus, als ob Bieris Entscheidungsfreiheit der moralischen Freiheit Schopenhauers entspricht. Auf jeden Fall ist es bei beiden dieser Freiheitsbegriff, der relevant wird, wenn es um die Frage nach der Willensfreiheit geht, im Gegensatz zu physischen bzw. Handlungsfreiheit. Der wichtigste Unterschied besteht allerdings schon darin, dass Schopenhauers Freiheitsbegriff ein unbedingter ist, während für Bieri sowohl Unfreiheit als auch Freiheit bedingt sind. Bei Schopenhauer ist Freiheit die Abwesenheit aller Notwendigkeit, also Zufälligkeit. Bieri lehnt diesen Freiheitsbegriff ab.

Schopenhauer formuliert seinen Begriff der moralischen Freiheit zuerst analog der physischen Freiheit, nämlich

---

132   FRANKFURT 2001, S. 82 f.
133   BIERI, S. 415, s. u. S. 66.

„Kannst du auch wollen, was du willst?", was ihn weiter bringt zu der Frage „Kannst du auch wollen, was du wollen willst?" und zu immer höheren Stufen des Wollens, was zu keinem Ergebnis führt, so dass er diese Art der Frage verwirft und zu einem abstrakteren, unbedingten Freiheitsbegriff gelangt, der ihn dahin führt, dass es keine Freiheit gibt.[134] Mit Bieri kann man hier einhaken und formulieren: „Kannst du auch wollen, wie du urteilst?" Ein Wollen zweiter Stufe ergibt dann durchaus einen Sinn, den wir mit unserer Erfahrung nachvollziehen können, und Schopenhauers Argument für einen unbedingten Freiheitsbegriff ist damit zumindest geschwächt, wenn die Idee selbst auch noch nicht aus dem Weg geräumt ist.

3.5. Bedingte Freiheit

Es gibt laut Bieri eine intuitive Idee der unbedingten Freiheit, die den Willen als unbewegten Beweger versteht, der keine vorhergehende Ursache braucht, um in Aktion zu treten. Bieri sieht ihn als pure Negation an, und er folgert aus ihm den Gegenbegriff der Unfreiheit, die der Bedingtheit anhaftet.[135] Auch Schopenhauer ging so vor, wie wir gesehen haben. Bieri jedoch zweifelt daran, dass die Bedingtheit allen Entscheidens gegen die Freiheit spricht. Er sieht zwar, dass einiges für die unbedingte Freiheit spricht, entlarvt die Idee der unbedingten Freiheit aber als seiner Meinung nach unstimmigen Begriff, den es nicht geben kann, den man aber auch gar nicht braucht, um die Idee der Freiheit zu vertreten.

Bieri geht davon aus, dass es zum Willensbegriff gehört, dass es sich um einen bestimmten Willen und um jemandes Willen handeln muss. Die Bestimmtheit des Willens wiederum verlangt seine Bedingtheit. Ein unbedingter Wille ist kein bestimmter Wille und daher gar kein Wille. Wenn es ihn geben

---

134 E I, S. 6 f.
135 BIERI, S. 169.

würde, könnte er nicht auf die konkreten Angebote antworten, die die Welt dem Wollenden macht.

Daraus, dass der Begriff des unbestimmten und unbedingten Willen seiner Ansicht nach unstimmig ist, schließt Bieri: „Beides, die Freiheit ebenso wie die Unfreiheit, sind Phänomene, die es, begrifflich gesehen, nur im Rahmen vielfältiger Bedingtheit geben kann."[136]

Der Entdeckung von Ereignissen ohne Vorbedingungen im mikrophysikalischen Bereich misst Bieri keine Bedeutung bei, nicht deshalb, weil man sie nicht auf die Ebene größerer physikalischer Ereignisse übertragen kann, sondern weil man „die Freiheit am falschen Ort [sucht], wenn man sie in der Lockerung oder Abwesenheit von Bedingtheit und Bestimmtheit sucht."[137]

Meiner Meinung nach gelingt es Bieri nicht zu zeigen, dass die *Idee* der unbedingten Freiheit unstimmig ist. Wenn bei ihm vom Begriff oder der Idee der Freiheit die Rede ist, meint er immer beides: die Idee und das, was diese im empirischen Bereich ausfüllt. Seine Argumente gegen die unbedingte Freiheit bewegen sich aber nur auf der Ebene der Erfahrung, nicht auf der Ebene der Ideen. Er kann zeigen, dass eine solche Freiheit empirisch nicht existiert und dass wir Menschen sie nicht brauchen. Die Stimmigkeit der *Idee* einer solchen Freiheit wird von seinen Aussagen nirgends tangiert. Als Beispiel eines absolut freien Willens kann man Schopenhauers Weltwillen denken. Dieser ist zwar als Idee in sich stimmig, aber das Problem mit diesem Willensbegriff ist, dass er über den Bereich unserer Erfahrung hinaus geht, so dass wir ihn nicht mehr empirisch nachvollziehen können. Man kann zwar nicht zeigen, dass ein absolut freier Wille empirisch vorhanden ist, aber an der Möglichkeit, diesen Willen zu denken, ändert das nichts. Es spricht also nichts dagegen, die Idee eines unbedingt freien Willens zu vertreten

---

136   BIERI, S. 243.
137   A. a. O., S. 244.

und daraus, wie Schopenhauer, die Unfreiheit des menschlichen Willens abzuleiten. Bieri möchte nicht nur zeigen, dass wir einen unbedingt freien Willen weder haben noch brauchen, sondern auch, wie wir darauf kommen, einen nur bedingt freien Willen als unangenehm unfrei zu empfinden und nach einem unbedingt freien Willen zu verlangen.

Wir glauben laut Bieri, eine unbedingte Freiheit zu brauchen, weil wir mit der Idee der Bedingtheit oft negative Assoziationen verbinden, die durch ein falsches Verständnis von bestimmten Wörtern entstehen. „Bedingte Freiheit" kann wie ein Paradox anmuten, wenn Bedingtsein den Klang von Unfreiheit hat, weil Bedingungen die Freiheit einengen. Ebenso ist es nach Bieri mit dem Begriff der Abhängigkeit: Wir wollen nicht von Alkohol, Medikamenten, den Eltern oder dem Chef abhängig sein. Ebenso klingt das Wort „notwendig" nach Zwang, also dem Gegenteil der Freiheit. Nach Bieri ist dies aber nicht wirklich Unfreiheit, sondern das Vorhandensein von Bedingungen für den Willen bedeutet nur, „dass bestimmte Dinge innerhalb und außerhalb einer Person *der Fall sein müssen*, damit es überhaupt einen bestimmten Willen geben kann."[138] Die genannten negativen Assoziationen stammen aus der Sphäre, in der Menschen andere Menschen in ihrer Freiheit einschränken. Die richtige Lesart von Bedingtheit im Falle der Freiheit menschlicher Handlungen muss nach Bieri eine harmlosere sein, die mit Unfreiheit nichts zu tun hat, so dass der Ausdruck „bedingte Freiheit" auch kein Paradox ist. Ebenso bedeute das Wort „abhängig" in diesem Kontext nur, dass es nicht gleichgültig ist, was ihm vorausgeht, und „notwendig" bedeutet nur eine Beziehung zwischen zwei Phänomenen, die anzeigt, dass beide immer gleichzeitig auftreten, wie ein Naturgesetz. Mit Zwang oder Nötigung hat das Bieris Meinung nach nichts zu tun. Bieri warnt davor, in die Sphäre zwischenmenschlicher Einflüsse hineinzugleiten, wo der Begriff des Zwangs im Sinne der Un-

---

138 A. a. O., S. 252.

freiheit zu Hause ist. Eines der gedanklichen Motive für die Forderung nach einer unbedingten Freiheit hat Bieri also in der Angst vor Zwang gefunden, welcher in der Bedingtheit des Willens vermutet wird.[139]

Bieri meint, dass wir im Zusammenhang mit dem Willen einen unangebrachten Wortschatz der Ohnmacht vermeiden sollen, z. B. „unvermeidlich", „unabänderlich" oder „er kann es nicht verhindern, dass er so handelt". Wenn es keine Kluft zwischen Wollen und Urteilen gibt, liegt die Freiheit in dieser Distanzlosigkeit. Es gibt dann keinen Standpunkt mehr, von dem aus es Sinn machen könnte, von Ohnmacht zu sprechen.

Es ergibt nach Bieris Meinung keinen Sinn zu sagen, dass der Prozess des Entscheidens als ganzer vom Betreffenden verschieden ist. Dieser ist daran als Wollender und Urteilender beteiligt und nimmt in der Rolle des Urteilenden auf sich selbst in der Rolle des Wollenden Einfluss. Bei der erfolgten Entscheidung kommen beide Standpunkte zur Deckung und verschmelzen, so dass der Betreffende sagen kann: „Ich will so, wie ich urteile." Es gibt keinen anderen Standpunkt, von dem aus man dieser Verschmelzung als ganzer gegenübertreten kann. Also gibt es keine Ohnmacht, mein Entscheiden läuft nicht an mir vorbei: „Ich mit meinem bedingt freien Willen *bin* dieses Geschehen."[140]

Dagegen ist die Sprache der Ohnmacht angebracht, wenn der Wille dem Urteil nicht entspricht, z. B. wenn man aus Angst vor einer Gefahr wegläuft, obwohl man denkt, dass man bleiben sollte, um seine Freunde nicht im Stich zu lassen, die sich in der gleichen Gefahr befinden. Man handelt dann, obwohl man anders urteilt. Dies ist eine Erfahrung der Unfreiheit. Wenn man sich aber mit diesem Willen identifiziert und meint, gute Gründe für die Angst zu haben, dann stimmen Wille und Urteil überein, und man ist frei.[141]

---

139   A. a. O., S. 250 – 255.
140   A. a. O., S. 260.
141   A. a. O., S. 261 f.

Bieri meint, dass die Sprache der Ohnmacht entsteht, da wir uns als reines Subjekt begreifen, das sich vom Wollen frei machen kann und „rein" entscheidet. In Wirklichkeit kann es ein reines Subjekt nicht geben. Wir sind immer *bestimmte* Personen, also bedingt. Ein nicht bedingtes reines Subjekt ist nach Bieri begrifflich unmöglich.[142] Ich denke, Bieri geht an dieser Stelle zu weit. Es ist zwar in der Realität nicht möglich, ein reines Subjekt zu sein, aber daran, dass dieser *Begriff* theoretisch möglich ist, ändert dies nichts.

Für die Freiheit des Willens spielt die Idee der Offenheit der Zukunft in dem Sinne eine Rolle, dass es möglich ist, sich für eine von mehreren Möglichkeiten zu entschieden. Dafür ist es nach Bieri nicht notwendig, dass es sich um realistische Möglichkeiten handelt. (Dies ist nur für die Handlungsfreiheit wichtig.) Nur die vorgestellten Möglichkeiten nützen etwas für die Freiheit des Willens, denn Möglichkeiten, die man nicht kennt, kann man bei Entscheidungen nicht berücksichtigen. Es kommt also nicht auf die „wirklichen" Möglichkeiten an, sondern auf die vorgestellten, nicht auf die Welt, sondern auf die Phantasie. Nur die Möglichkeiten, die ich in Betracht ziehe, üben einen Einfluss auf den Willen aus, der durch diesen Einfluss zu einem freien Willen wird.[143]

Bieri stellt die Frage, ob die beiden Gedankeninhalte „Ich kann Verschiedenes wollen und tun" und „Mein Nachdenken wird dazu führen, dass ich schließlich nur noch das eine wollen und tun kann" miteinander verträglich sind. Er meint, dass sie es sind, denn sie haben unterschiedliche Reichweiten: Der erste Gedanke beschreibt die Möglichkeit des Wollens und Tuns, wie sie sich vor dem Nachdenken über seine endgültige Wirkung auf den Willen darstellen. Der zweite Gedanke beschreibt die Situation nach der Entscheidung. Da der erste Gedanke den Entscheidungsprozess nicht betrachtet, der zweite ihn aber mit einbezieht, haben beide verschiedene Themen und bilden keinen Widerspruch.

---

142 A. a. O., S. 270.
143 A. a. O., S. 182 – 185.

Im Gegenteil, es ist ja das Ziel von Entscheidungen, dass man nach der Entscheidung eine bestimmte von vielen Möglichkeiten wollen und verwirklichen kann. „Die Absicht, zu einer Entscheidung zu gelangen, ist exakt die Absicht, sich durch den Gedanken an vieles am Ende auf eines festzulegen."[144]

Meiner Meinung nach ist es wieder eine in den Worten liegende negative Assoziation, analog zu Bieris „Sprache der Ohnmacht", dass es nach Unfreiheit klingt, wenn jemand sagt: „Ich kann am Ende nur noch das eine wollen und tun". Darüber wird vergessen, dass man aus mehreren Möglichkeiten frei gewählt und sich einen Willen gebildet hat, der dem Urteil des Betreffenden entspricht. Unfreiheit wäre das Gegenteil: Wenn ich nach einer Entscheidung immer noch mehreres wollen könnte und es von gar nichts abhinge, was ich tue, wäre es zufällig, was ich will, und ich wäre den Launen meines unbedingt freien, von nichts abhängenden Willens ausgeliefert. Bieri führt diesen Gedanken öfter in verschiedenen Zusammenhängen an, um zu zeigen, dass die Forderung nach einem unbedingt freien Willens unstimmig ist.

Unter den von Bieri diskutierten Einwänden, die gegen einen bedingt freien Willen sprechen, ist meiner Ansicht nach der des Fatalisten der stärkste, so dass ich ihn hier herausgreife. Bieri lässt einen fiktiven Fatalisten klagen, alles sei vorherbestimmt. Er zitiert d'Holbach, der sagte: „Unser Leben ist eine Linie auf der Oberfläche der Erde, die zu beschreiben uns die Natur befiehlt und von der wir keinen Augenblick abzuweichen vermögen ... Nichtsdestoweniger, trotz der Fesseln, durch die wir fortwährend gebunden sind, gibt man vor, wir seien frei ..."[145] Diese Linie ist nach Bieris Fatalisten die einzig mögliche Lebenslinie und damit unser Schicksal. Wir können es nicht verändern. Die Zukunft steht fest, bis zu unserem Tod, denn vergangenes Geschehen legt zukünftiges Gesche-

---

144 A. a. O., S. 290.
145 Übersetzung von Bieri, a. a. O., S. 19.

hen fest, und wir mit unserem Willen stellen keine Ausnahme dar.[146]

Bieri meint, dass der Fatalist vergisst, dass er beteiligt ist, wenn es darum geht, was mit ihm geschieht. Man müsse auch hier wieder aufpassen, sich nicht durch eine Rhetorik von Zwang, Abhängigkeit und Ohnmacht zu falschen Assoziationen verleiten zu lassen. Es gibt laut Bieri keinen Standpunkt, von dem aus ich klagen könnte, dass die Dinge an mir vorbeilaufen. Er meint, wir selbst sind das Entscheiden, und wir bestimmen, was mit uns geschieht. Dem Fatalisten, der glaubt, der Lebensstrom fließe an ihm vorbei, hält Bieri entgegen: „Wir *sind* der Lebensstrom, und sein Fließen *ist* oftmals – wenngleich nicht immer – die Ausübung unserer Freiheit der Entscheidung."[147] Der Fehler des Fatalisten entstehe dadurch, dass er sich als reines Subjekt denkt, das am Ufer sitzt. An ihm läuft alles vorbei, selbst sein Entscheiden. Aber da es nach Bieri kein reines Subjekt gibt, wie bereits oben gezeigt wurde, fällt die fatalistische Klage in sich zusammen. Die Lebenslinie eines Menschen müsse zwar eine bestimmte sein, aber diese sei flexibel, da sie eine Reaktion auf die jeweiligen äußeren Umstände und auf die Phantasiebilder, Gedanken und Gefühle des Betreffenden sei. Sich gegen eine Lebenslinie aufzulehnen, die dem eigenen entschiedenen Willen entspringt, ergibt Bieris Ansicht nach keinen Sinn: „Es gibt gar nichts, wogegen man sich auflehnen kann." Vorherbestimmtheit ist nach Bieri an sich kein Übel. Wir kommen nicht auf die Idee, uns gegen ein glückliches Schicksal aufzulehnen, sondern nur gegen ein unglückliches. Das zeigt, dass man sich in Wirklichkeit nicht gegen das Schicksal an sich auflehnt, sondern nur gegen eins, das man als unglücklich empfindet.[148]

Bieri beurteilt den Fatalismus als psychologisch unstimmige Einstellung nach dem Motto „Mal abwarten, was ich wollen

---

146   A. a. O., S. 307 – 309.
147   A. a. O., S. 312.
148   A. a. O., S. 312 – 316.

werde", als den Versuch, „sich selbst geschehen zu lassen". Das kann nur dort funktionieren, wo uns keine Entscheidung abverlangt wird. Es ist unmöglich für jemanden, der weiß, was Entscheiden ist, das Entscheiden sein zu lassen. In dieser Unmöglichkeit besteht unsere Freiheit.

Vieles in der Entwicklung eines Menschen geschieht Bieris Urteil nach aus Freiheit, einiges aus Unfreiheit. Die Unfreiheit kann man beklagen, aber dass Unfreiheit und Freiheit Bedingungen unterworfen sind, kann man Bieris Ansicht nach nicht beklagen, da es keinen Standpunkt gibt, von dem aus man die Klage vortragen kann.[149]

Klar wird nach der Lektüre Bieris: Eine Freiheit, die uns in der Wirklichkeit und nicht nur im Reich der Ideen begegnet, muss eine bedingte Freiheit sein. Falls es eine Freiheit des Willens gibt, ist sie eine bedingte Freiheit. Eine andere Freiheit des Willens gibt es nicht. Aber kann bzw. muss man mit dieser Erkenntnis auch gleich die *Idee* der unbedingten Freiheit aus dem Weg räumen? Bieri kann es meiner Meinung nach nicht genügend plausibel machen, dass die Idee der unbedingten Freiheit unstimmig ist. Dass wir diese in der Realität nicht bekommen können, muss noch nichts über die Stimmigkeit der Idee an sich aussagen.

Schopenhauer vertrat einen absoluten Freiheitsbegriff, der verlangte, dass etwas ohne Ursache, also zufällig geschehen muss. Aus der Definition folgte schon, dass es diese Art der Freiheit nicht geben kann – also gibt es gar keine Willensfreiheit. Schopenhauer würde das, was für Bieri Freiheit ist, als Unfreiheit bezeichnen. Für ihn war der Ausgangspunkt die Möglichkeit von Handlungsalternativen. Seine Idee war, dass man eine Sache und ihr Gegenteil gleichzeitig wollen kann. Um aber etwas anderes zu wollen, müssten entweder der Charakter der betreffenden Person oder die Umstände andere sein. Bei Bieri sieht das anders aus: man könnte anders wollen, wenn man anders urteilte. Wenn der Betreffen-

---

[149] A. a. O., S. 318 f.

de mit seinem Urteil seinen Willen gutheißt, sich mit ihm identifiziert, dann ist er frei.

Schopenhauer glaubte nicht, dass Freiheit und Determinismus miteinander vereinbar sind. Er war der Meinung, dass die Determiniertheit des Willens die Freiheit ausschließt. Bieri dagegen nimmt die Bedingtheit des Willens als Voraussetzung für die Freiheit: Nur ein bedingter Wille kann der Wille einer bestimmten Person mit einer bestimmten Vorgeschichte sein, und nur ein bedingter Wille kann auf die konkreten Möglichkeiten reagieren, die die Welt den Wünschen der Person bietet. Eine Person kann sich nur dann mit ihrem Willen identifizieren, d. h. sich als dessen Urheber fühlen, wenn der Wille durch Ursachen entsteht. Ein Wille, der nicht durch zureichende Gründe verursacht wird, ist zufällig und stößt dem Handelnden nur zu, wird also als unfrei erlebt.

Die Frage, die sich nun stellt, lautet: Sind Freiheit und Determinismus miteinander vereinbar, wie Bieri meint? Ist eine bedingte Freiheit genug Freiheit? Oder brauchen wir die unbedingte Freiheit doch, so dass Schopenhauer recht hat mit seiner pessimistischen Ansicht, dass es keine Willensfreiheit gibt?

Dass die Rede von der Bedingtheit unnötige negative Assoziationen mit sich führt, ist kein Argument für die Idee einer bedingten Freiheit an Stelle eines unbedingten, aber im Bereich der menschlichen Erfahrung nicht zu erfüllenden Freiheitsbegriffes. Auch wenn Bedingtheit nicht mit Zwang gleichzusetzen ist, führt das nicht dazu, dass Bedingtheit das Gegenteil von Zwang, nämlich Freiheit ist. Dies zeigt nur, dass Bedingtheit mit Freiheit vereinbar ist, nicht, dass Bedingtheit gleich Freiheit *ist*. Ebenso könnte man behaupten, dass Bieri eigentlich das gleiche meint wie Schopenhauer, nämlich einen Determinismus, der im Grunde auf die Unfreiheit des menschlichen Willens hinausläuft in dem Sinne, dass man nicht anders handeln kann, als man handelt, und ihn nur anders nennt, um die negativen Assoziationen zu meiden, die mit den Formulierungen „Determinismus" und „nicht anders können" einher gehen. In Wirklichkeit ist daran gar nichts zu beklagen, so könnte man sagen, denn es bleibt ja dabei, dass wir uns mit unserem Willen identifizieren können – wie auch immer dieser zustande gekommen ist – und uns deshalb nicht unfrei fühlen. Der Einwand des Fatalisten, mit dem Bieri sich auseinandersetzt, trifft meiner Meinung nach nicht den Punkt, um den es geht. Wenn es nicht um eine Freiheit geht, die wir jemals erreichen können (oder müssen), sondern nur um die Definition von Freiheit, dann sind wir noch gar nicht so weit, dass es einen Grund zur Klage über zu wenig Freiheit gäbe. Vielleicht bewertet Bieri die Willensfreiheit über. Er will, dass wir über die bloße Handlungs- oder physische Freiheit hinaus eine Freiheit des Willens haben, weil er davor zurückschreckt, uns als unfrei zu bezeichnen. Weil es eine unbedingte Freiheit nicht geben kann, wählt er eine bedingte Freiheit. Weitere Gründe kann ich nicht sehen, warum Bieri auch die *Idee* der unbedingten Freiheit ablehnt – unabhängig davon, ob es sie gibt oder nicht.

Ich möchte noch einmal auf den Unterschied zwischen Handlungsfreiheit oder physischer Freiheit und Willensfreiheit hinweisen. Erstere brauchen wir, z. B. als politische Freiheit. Als mit der physischen Freiheitsart eng verwandt kann man die von Schopenhauer so genannte intellektuelle Freiheit betrachten. Diese bedeutet die Abwesenheit von Hindernissen, die das Erkenntnisvermögen trüben und uns von der Erkenntnis dessen abhalten, wie wir unseren Willen verwirklichen können. Wenn man den Begriff weit fasst, fallen auch Manipulationen anderer Handelnder unter diese Art von Hindernissen. Damit ist das Wichtigste von dem, was wir intuitiv unter Freiheit verstehen, abgedeckt. Was jedoch die Frage betrifft, wie unser Wille zustande kommt, ist es dann nicht mehr unbedingt nötig, auf einer besonderen Freiheitsart zu beharren. Es muss also keine Entscheidungsfreiheit mehr geben. Eine Unfreiheit im Sinne Bieris, die z. B. aus einem nicht genügenden Gebrauch der Phantasie zur Bildung von Handlungsalternativen folgt, würde dann unter die intellektuelle Unfreiheit fallen.

Bieris wichtigstes Argument für die bedingte Freiheit ist, dass ein bestimmter Wille immer ein bedingter Wille sein muss. Es ist aber auch denkbar, dass ein bestimmter Wille zufällig zustande kommt. Man kann sich dies wie einen Zufallsgenerator denken, der zwischen verschiedenen Zahlen zufällig auswählt. Damit ist auch Bieris Einwand unhaltbar geworden, dass ein unbedingt (zufällig) freier Wille nicht auf die konkreten Angebote der Wirklichkeit antworten kann. Wenn der Betreffende sich mit dem zufällig zustande gekommenen Willen rückhaltlos identifiziert, und sei es nachträglich, wenn er darüber nachgedacht und seine Phantasie benutzt hat, ohne dass dies den Willen ändern konnte, dann ist alles in bester Ordnung und die Willensfreiheit ist, auch nach Bieris Kriterien, gerettet. Ich erinnere noch einmal daran, dass Frankfurt gegenüber dem Determinismus neutral war und sich durchaus vorstellen konnte, dass unser Wille zufällig zustande kommt (siehe oben S. 98). Es ist also durchaus möglich, mit dem Hauptkriterium einer Identifikation mit dem eigenen Willen zu arbeiten und trotzdem einen unbedingten Freiheitsbegriff zu vertreten. Bieri dagegen will an diesem Punkt nicht neutral bleiben, sondern bekennt sich zum Determinismus.

3.6. Lebensgeschichte und Verantwortung

Am Ende der Darstellung von Schopenhauers Determinismus war ich zu dem vorläufigen Schluss gekommen, dass es nicht gerechtfertigt ist, den Handelnden Verantwortung zuzuschreiben, und dass Strafen nur im Sinne von Erziehungsmaßnahmen verhängt werden dürfen. Kann Bieris Argumentation dieses Ergebnis bestätigen oder widerlegen?

Bieri nähert sich dem Thema, indem er einen fiktiven Dialog erzählt, den die Figur des Rodion Raskolnikov aus Dostojewskis Roman *Verbrechen und Strafe*, der eine Pfandleiherin ermordet und beraubt hat, mit seinem Richter führt.[150] In Bie-

---

150   A. a. O., S. 320 - 365, besonders S. 351 - 361.

ris Erzählung bringt Raskolnikov zu seiner Verteidigung vor, dass er nicht anders handeln konnte, da ihn seine Lebensgeschichte und die Umstände zu dem Verbrechen zwangen. Er konnte nicht anders handeln. Deshalb meint er, für seine Tat nicht verantwortlich zu sein. Er behauptet, dass es nicht fair ist, für eine Tat verantwortlich gemacht zu werden, die sich zwangsläufig aus seiner Vorgeschichte ergeben hat.

Bieri lässt den Richter erwidern, dass es keinen Standpunkt gibt, von dem aus Raskolnikov den Vorwurf der Unfairness erheben könnte. Alles, was Raskolnikov sagt, baue darauf auf, dass es einen solchen Standpunkt gibt. Bieri führt den moralischen Standpunkt ein, der darin besteht, dass die Interessen der anderen für den Betreffenden einen Handlungsgrund darstellen. Von der Funktion und zum Teil auch vom Inhalt her ist der moralische Standpunkt mit dem Mitleid in Schopenhauers Ethik vergleichbar. Auch dort ging es darum, dass die Interessen anderer für den Handelnden wichtig sind. Raskolnikov verstößt gegen den Grundgedanken des moralischen Standpunktes, indem er die Pfandleiherin erschlägt: Er erkennt ihre Interessen nicht als etwas an, das für ihn ein Grund sein könnte, etwas nicht zu tun. Wenn wir jemandem Verantwortung zuschreiben, drücken wir damit aus, dass wir ihn im Lichte des moralischen Standpunkts betrachten. Wir stellen dann die Frage, ob er mit seinem Tun auf die anderen Rücksicht genommen und ihnen darin die nötige Achtung entgegen brachte. Raskolnikov befindet sich in einem Widerspruch: Er lehnt den moralischen Standpunkt ab, denn er hat die Interessen der alten Frau nicht berücksichtigt, als er sie umbrachte, aber gleichzeitig verlangt er vom Richter, dass dieser seine Interessen berücksichtigt. Er kann nach Überzeugung des Richters keine Fairness in Anspruch nehmen, da er sich selbst aus dem Kreis der Leute ausgeschlossen hat, die Fairness erwarten können. Der Richter geht davon aus, dass jemand, der den moralischen Standpunkt missachtet, nach dem Prinzip handelt, das lautet: „Es gibt keinen Grund, auf andere Rücksicht zu nehmen."[151]

---

151   A. a. O., S. 356.

Raskolnikov argumentiert daraufhin, dass der Richter, der sich auf dem moralischen Standpunkt befindet, nach seinem Standpunkt Rücksicht auf ihn nehmen müsste. Der Richter erwidert, dass es nötig ist, den moralischen Standpunkt zu verteidigen und dass jemand, der auch das schlimmste Verbrechen noch entschuldigt, als jemand erscheint, der den moralischen Standpunkt nicht ernst nimmt. „[...] dieser Standpunkt verlangt, um seine Substanz behalten zu können, die Feindschaft seinen Feinden gegenüber."[152] Als Raskolnikov weiter Zweifel an der Fairness der Verteidigung des moralischen Standpunktes vorbringt, weist der Richter diese zurück mit dem Hinweis, dass es keinen weiteren moralischen Maßstab für den Maßstab gibt. Das heißt, es ergibt keinen Sinn danach fragen, ob der moralische Standpunkt fair oder moralisch richtig ist. Die einzige Art von Fairness besteht laut Bieri darin, dass die Verfechter des moralischen Standpunktes konsequent sind.

Bieri hat also gezeigt, dass es keinen Standpunkt gibt, von dem aus man den Vorwurf der Unfairness erheben könnte. Das bedeutet, dass die Bedingtheit aller Freiheit nicht gegen die Idee der Verantwortung ausgespielt werden kann.

Nun bleibt Raskolnikov nur noch der Ausweg, den moralischen Standpunkt insgesamt in Frage zu stellen. Er gibt vor, ihn nicht zu verstehen: Es sei nicht verständlich, wie die Interessen der anderen ein Handlungsgrund sein sollten, da man nur eigene Wünsche kennen würde. Zu diesen würden zwar auch altruistische Wünsche gehören, die das Wohlergehen anderer betreffen. Aber darüber hinaus habe niemand einen Grund, auf die anderen Rücksicht zu nehmen. Der Richter erwidert, dies sei nur eine Schutzbehauptung, denn er und die Leute, die ihn in sein Amt gewählt haben, verständen diesen Gedanken und verteidigten ihn, indem sie Leute wie Raskolnikov zur Verantwortung zögen. Doch auch wenn es so wäre, dass Raskolnikov den moralischen Standpunkt wirklich nicht verstünde, hätten die meisten Menschen

---

152 A. a. O., S. 357.

den Wunsch, auf andere und ihre Bedürfnis Rücksicht zu nehmen. Dies ist für Bieri etwas, das ihre Lebensform bestimmt. Ein anderes Leben fänden sie nicht lebenswert, und deshalb dulden sie kein so rücksichtsloses Handeln, wie Raskolnikov es gezeigt hat, trotz der Vorgeschichte, die es unvermeidlich machte.

Trotzdem bleiben für Bieri am Ende die Fragen, ob es nicht doch Entschuldigungen gab, ob Raskolnikov auf irgendeine Weise unfrei war, und ebenso, ob das, was das Gesetz an Strafe vorschreibt, die angemessene Reaktion darauf ist, dass sich jemand nicht auf dem moralischen Standpunkt befindet.

Bieris Zweifel an der Freiheit Raskolnikovs sind vor dem Hintergrund zu verstehen, dass die Freiheit des Willens ein Ideal ist, dem man sich nur annähern kann und das man mehr oder weniger, aber nicht absolut erreicht. Es gibt viele Formen der Unfreiheit, die aus den verschiedensten, für Bieri meist innerseelischen Gründen entstehen.[153] Es ist möglich, dass Raskolnikov aus irgendeinem Grund, den der Richter übersehen hat, unfrei war, z. B. weil er einen zwanghaften Willen hatte oder weil er unfähig war, seinen Willen von einer höheren Stufe aus zu bewerten. Bieri hat also keine prinzipiellen Zweifel an der Freiheit des Willens, sondern er fragt nur, ob es für Raskolnikov als ganz bestimmten Menschen Gründe gab, die seinen Willen unfrei machten.

Bieris Bemerkung, ob die Strafe angemessen ist, greift meiner Meinung nach zu kurz. Ein Mangel seines Ansatzes ist überhaupt, dass er den Unterschied zwischen moralischem Urteil und Strafe oder, allgemeiner ausgedrückt, zwischen Ethik und Recht ignoriert. Für ihn ist der moralische gleich dem juristischen Standpunkt. Meiner Meinung nach muss man beide voneinander trennen. Zwar überschneiden sich Ethik und Recht in vielen Fällen, aber ebenso oft gibt es Unterschiede. Nicht immer ist eine Handlung, die von den meisten Menschen moralisch verurteilt wird, auch ein Fall für den Richter. Im Fall des Raskolnikov trifft das zwar zu. Aber wir können

---

153   A. a. O., S. 84 – 126.

auch dort feststellen, dass moralische Urteile andere Grundlagen und andere Folgen haben als juristische Urteile. Es mag Raskolnikov schaden, dass er als Mörder mit dem moralischen Urteil der Gesellschaft leben muss, aber kein moralisches Urteil kann ihn nach Sibirien verbannen. Moralische Urteile sind nicht eindeutig, es kann über die gleiche Tat viele verschiedene moralische Urteile geben, da es verschiedene Moralsysteme gibt. In dem Fall, den Bieri wählt, mag das kaum zum Tragen kommen, da die meisten Moralsysteme den Raubmord an der Pfandleiherin verurteilen würden, aber trotzdem muss man sehen, dass andere Urteile, auch innerhalb der gleichen Gemeinschaft, prinzipiell möglich sind. Das positive Recht dagegen ist eindeutig bzw. bemüht sich um Eindeutigkeit und ist für die ganze Gesellschaft verbindlich. Die nach dem Gesetz vorgeschriebenen Strafen sind für den Täter, wenn ihm die Tat nachzuweisen ist, unausweichlich. Für die Ethik spielen außerdem die Motive des Handelnden die entscheidende Rolle. Im juristischen Bereich dagegen stehen die Tat und ihre Folgen im Vordergrund.

Man kann Bieris fiktiven Dialog als Versuch verstehen, das positive Recht aus der Ethik heraus zu begründen. Der Richter sucht ein moralisches Prinzip, das die Praxis des Strafens rechtfertigt. Das kann nicht gelingen, da Ethik und Recht verschiedene Bereiche mit unterschiedlichen Prinzipien sind. Für jemanden, der auf dem moralischen Standpunkt steht, können laut Bieri die Interessen anderer ein Handlungsgrund sein. Aber das kann kein Richter ernsthaft verlangen. Wenn man das moralische Prinzip so versteht, dass die Berücksichtigung der Interessen anderer ein echtes Motiv ist, das Menschen zum Handeln bewegt, dann ist das zu viel erwartet. Man kann den Menschen nicht ihre Motive, sondern nur ihre Handlungen vorschreiben. Viele Leute tun ihren Mitmenschen nur aus Angst vor den Nachteilen, die sie dann zu fürchten hätten, nichts Schlechtes an, oder weil sie sich davon Vorteile erhoffen. Also ist Egoismus ihr wirkliches Motiv, denn sie handeln nur, weil die Beachtung der Interessen anderer ihnen nützt. Das ist es, was Schopenhauer sagt. Falls Bieri aber viel weniger meint, nämlich dass ein

Mensch bereits dann auf dem moralischen Standpunkt steht, wenn er aus welchem Motiv auch immer heraus so handelt, dass er die Interessen anderer beachtet, z. B. weil er seinen guten Ruf nicht verlieren möchte, dann ist der moralische Standpunkt ein ziemlich schwaches Prinzip. Für ein juristisches Prinzip würde dieses Kriterium ausreichen, für ein moralisches nicht.

Leider wird nicht hundertprozentig klar, ob es Bieri um eine bloße Handlungsmaxime geht, die auch egoistische Motive duldet, oder um ein ethisches Prinzip. Seine Aussagen dazu sind widersprüchlich. Am Anfang sieht es so aus, als ginge es ihm nur um das Äußere, also die Handlungen, und die Motive, die hinter der Rücksichtnahme steckten, seien gleichgültig.[154] Wenn man dieser Aussage folgt, müsste man annehmen, dass es Bieri weniger um die Moral geht, sondern vor allem um das Recht. Die Bürger wünschen sich Ruhe und Ordnung, um in Sicherheit zu leben, deshalb setzen sie den Egoismen der Einzelnen Grenzen zum Wohle aller, und selbstverständlich sorgen sie zur Verteidigung dieser Grenzen, denn damit das Rechtssystem funktioniert, müssen alle mitspielen. Wenn einer zu große Vorteile hat, haben andere Menschen Nachteile, was der Gesellschaft schadet. Dem wird durch die Setzung des Rechts ein Riegel vorgeschoben. Genau so sieht Schopenhauer die Entstehung des positiven Rechts. Doch offenbar geht es Bieri um mehr. „Wir – die meisten von uns - *haben* den Wunsch, auf andere und ihre Bedürfnisse Rücksicht zu nehmen. [...] Wir *wollen* aus diesem Wunsch heraus leben und fänden ein anderes Leben nicht lebenswert."[155] Bieri baut also doch auf die altruistischen Wünsche der Menschen.

Nach all diesen Überlegungen verstehe ich Bieri so, dass der moralische Standpunkt darin besteht, dass die Interessen anderer ein echtes Handlungsmotiv sein sollen – hier sind wir noch auf dem Gebiet der Ethik -, und darüber hinaus, dass

---

154   A. a. O., S. 353.
155   A. a. O., S. 360.

ein Verstoß gegen dieses Prinzip der Rücksichtnahme nicht geduldet wird, dass eine funktionierende Gesellschaft auch ein Rechtssystem braucht, das die gröberen Übertretungen gegen dieses Prinzip bestraft. Wir sehen, dass Bieri für die Praxis der Verteidigung des moralischen Standpunktes Gesetze und Strafen braucht, um gegenüber seinen Angreifern bestehen zu können, und dass er andererseits die Ethik braucht, um das positive Recht zu verteidigen. Dieser Versuch, das Recht aus der Ethik herzuleiten, funktioniert aber nicht, da Bieri nicht anerkennt, dass es sich um zwei verschiedene Systeme handelt. Bieri trägt mit seinen Ausführungen nicht zu größerer Klarheit bei, im Gegenteil.

Bei der Darlegung der Grundlage der Moral und der Entstehung des positiven Rechts ist Schopenhauer Bieri überlegen. Die Mängel, die ich bei Bieri festgestellt habe, treten bei Schopenhauer nicht auf. Er unterscheidet den Bereich der Ethik, für den es auf das Motiv der Handlung ankommt, das für Schopenhauer das Mitleid sein muss, und den Bereich des Rechts, in dem es um äußere Handlungen geht. Durch das positive Recht sollen die Menschen daran gehindert werden, in die Willenssphäre eines anderen einzudringen, zum Wohle aller. Wenn man auch einzelne Aussagen Schopenhauers kritisieren kann, so kommt er doch meiner Meinung nach mit seinen grundlegenden Thesen der Wahrheit sehr nahe.

Ich denke, man kann Bieri in seiner Bejahung der Zuschreibung von Verantwortung zustimmen, wenn man seiner Theorie der bedingten Willensfreiheit zustimmt. Wenn Willensfreiheit möglich ist, ist es auch begründet, dass wir anderen Menschen und uns selbst Verantwortung zuschreiben. Da jemand eine Handlung gewollt hat und sich mit seinem Willen identifiziert, kann man ihn dafür zur Verantwortung ziehen. Verantwortung ist nicht „an sich" da, sondern die Zuschreibung von Verantwortung ist ein performativer Akt, der aber erst dann sinnvoll vollzogen wird, wenn der Handelnde in seinem Willen frei war. Die Frage, ob ein konkreter Mensch in einem konkreten Fall frei war, muss einer Einzelfallprüfung unterzogen werden. Bieri weicht meiner Meinung nach seiner Verantwortung für die Folgen seiner Theorie aus, wenn er meint, dass es zwar Willensfreiheit gibt, dass daraus aber keine Verantwortung folgt. Willensfreiheit impliziert, dass es gerechtfertigt ist, jemanden, der frei ist, für seine Handlungen verantwortlich zu machen. Bieri scheint ein Problem mit der Schwere der Strafe zu haben, die für den Raubmord verhängt werden soll. Aber das ist kein Argument gegen die Idee der Verantwortung. Die Tatsache, dass jemand verantwortlich gemacht werden kann, impliziert noch keine Aussage über die Folgen. Es ist ein anderes Thema, das erst noch zu diskutieren ist, auf welche Gesetzesübertretung welche Strafe folgt. Allein daraus, dass die Idee der Verantwortung gerechtfertigt ist, wird noch nicht einmal klar, ob man überhaupt Strafen verhängen sollte oder eher Resozialisierungsmaßnahmen oder etwas ganz anderes. Das kommt darauf an, welche Maßnahmen der Gesellschaft am meisten Nutzen bringen.

Es kann also für die Praxis bei dem bleiben, was ich bereits im Kapitel über Schopenhauer gesagt habe, nämlich dass Strafen nur als Resozialisierungsmaßnahmen angebracht sind. Diese können dazu beitragen, dass der Täter befähigt wird, in Zukunft keine Straftaten mehr zu begehen, und haben daher mehr Sinn als eine bloße Vergeltung der Tat. Die Theorien beider Denker zum Thema Verantwortung sind zwar unterschiedlich, widersprechen aber beide nicht dieser Praxis.

3.7. Angeeignete Freiheit

Bieri meint, dass unsere Fähigkeit zum inneren Abstand uns zu einer Freiheit des Willens verhelfen kann, die über die bereits besprochene Freiheit der Entscheidung hinaus geht. Die Willensfreiheit ist Bieris Ansicht nach etwas, das man sich erarbeiten muss und das jederzeit verloren gehen kann, so dass man sich immer neu darum bemühen muss. Er sieht sie als ein Ideal, an dem man sich orientiert, da es eine offene

Frage ist, ob man die Willensfreiheit stets in vollem Umfang erreichen kann.[156]

Der freie Wille ist für Bieri der angeeignete Wille. Bieri möchte erklären, was es bedeutet, sich mit einem Wunsch zu identifizieren. Die Aneignung des Willens vollzieht sich in drei Dimensionen: 1. Artikulation des Willens, d. h. Klarheit darüber, was man will; 2. das Verstehen des eigenen Willens; 3. die positive Bewertung des eigenen Willens, denn nur ein gutgeheißener Wille ist frei.[157]

Zur Artikulation des Willens sagt Bieri, dass wir über unsere Wünsche, besonders über die langfristigen, oft im Unklaren sind. Um sie in ihrer Richtung und ihrem Gehalt zu erkennen, muss man Mittel und Wege suchen, sie zu artikulieren, sie z. B. aussprechen oder aufschreiben. Wenn das gelungen ist, kann man sich bewertend mit den nun differenzierten Wünschen auseinandersetzen. Erst wenn uns klar ist, was wir wünschen, üben wir die Freiheit des Willens in vollem Umfang aus.

Bieri meint, dass es auch Wünsche gibt, die erst durch die Artikulation zu bestimmten, abgegrenzten Wünschen werden. Der Prozess der sprachlichen Artikulation kann also in die Bildung von Wünschen eingreifen.[158]

Unfrei ist der Wille, wenn er nicht verstanden wird, weil er zu den anderen Wünschen nicht zu passen scheint. Es geht dabei nicht um die kausale Verknüpfung der Wünsche untereinander, sondern die Interpretation ist es, die den zunächst unverständlichen Willen für das Verstehen öffnet. Wenn es uns gelingt, einem scheinbar ungereimten Willen einen Sinn zugeben und die verborgene Stimmigkeit aufzudecken, bedeutet das Bieris Meinung nach einen Zuwachs an Willensfreiheit. Die Wünsche erscheinen uns dann nicht mehr fremd. Bei einem unbedingten Willen wäre dieser Verstehensprozess nicht möglich. Gegen die Annahme eines un-

---

156 A. a. O., S. 382 f.
157 A. a. O., S. 284.
158 A. a. O., S. 385.

bedingten Willens behauptet Bieri: „Die Herkunft und Entwicklung eines Willens zu verstehen ist etwas, das zur Freiheit des Willens beiträgt."[159]

Ich denke, es ist durchaus möglich, dass auch ein unbedingt oder zufällig freier Wille verstanden und artikuliert werden kann. Dieser Wille kann zwar als einer unter vielen Wünschen zufällig ausgewählt und handlungswirksam geworden oder als neuer Wunsch entdeckt worden sein, aber man wird Gründe finden können, warum man gerade diesen verwirklicht hat, genauso wie man auch für eine entgegengesetzte Handlung, die einem unserer Wünsche entspricht, verständliche und einleuchtende Gründe finden kann. Dieses Kriterium ist nicht unbedingt geeignet zu zeigen, dass der Wille kausal determiniert sein muss.

Zu den beiden genannten Aspekten muss nach Bieri ein innerer Abstand zu unserem Willen hinzukommen, der darin besteht, dass wir den Willen bewerten. Wenn wir ihn positiv bewerten, heißt das, dass wir uns mit ihm identifizieren können. Wenn wir uns dagegen kritisch von ihm distanzieren, erfahren wir unsere eigenen Wünsche als fremd.

Wir gehen laut Bieri bei unserer Bewertung nach zwei Kriterien vor: nach dem Nutzen und danach, welchen Willen wir haben möchten, welcher also unserem Selbstbild entspricht. Es kann vorkommen, dass beide Einstellungen einander widersprechen.

Dass man sich mit seinem Willen identifiziert, heißt nach Bieri, dass er zum eigenen Selbstbild passt, und deshalb heißt man ihn gut. Der Wille ist frei, weil er der Wille ist, den jemand haben möchte. Ebenso ist ein fremder, dem Betreffenden äußerlicher Wille einer, den er ablehnt, weil er nicht zu seinem Selbstbild passt. Aber Bieri meint, dass Selbstbilder nicht aus der Luft gegriffen sind, sondern ihrerseits Ausdruck von Wünschen der Art, dass wir uns wünschen, wie wir gern wären. Die Wünsche, auf denen das Selbstbild beruht, müssen in einem emphatischen Sinne meine Wünsche

---

159   A. a. O., S. 396.

sein, mit denen ich identifiziert bin. Dazu muss es aber kein Selbstbild zweiter und höherer Stufe geben, wobei man unendlich viele höhere Stufen annehmen müsste, sondern die Wünsche, die das Selbstbild ausmachen und die Wünsche, die am Selbstbild gemessen werden, sind, wie ich bereits oben (S. 95 - 97) angemerkt habe, bei Bieri nicht sauber getrennt. Da Bieris diesbezügliche Aussagen aber nicht überzeugend waren, möchte ich das so verstehen, dass es einen Dialog zwischen Selbstbild und Wünschen erster Stufe gibt, in dem sich beide Instanzen gegenseitig beeinflussen, aber im Prinzip getrennt sind. So gibt es keine höherstufigen Selbstbilder, aber Selbstbild und Wünsche erster Stufe sind voneinander klar unterschieden.

Die Beeinflussung geht nicht nur in eine Richtung vor sich: Selbstbilder entwickeln sich auch unter dem Einfluss von Wünschen, die nicht zu ihnen passen. Dazu muss die Idee des Bewertens mit der Idee des Verstehens verknüpft werden. Die bewertende Übereinstimmung mit mir selbst muss sich Bieris Ansicht nach aus dem Verstehen meiner selbst ergeben und darf mir nicht einfach nur zustoßen. Wenn z. B. eine abrupte Willensänderung nicht verstanden wird, geht die Erfahrung der Freiheit verloren.[160] Wenn eine abrupte Willensänderung stattfindet und verstanden wird, ist das natürlich anders.

Es ist nach Bieri möglich, dass ich ein unrealistisches Selbstbild habe, das nicht meinen wirklichen Wünschen erster Stufe entspricht. Dann bin ich nicht frei im Sinne der Freiheit meines Willens. Wenn ich ein realistisches Selbstbild habe, muss es meine Wünsche erster Stufe widerspiegeln. Es ist möglich, das eigene Selbstbild zu ändern und es der Erkenntnis dessen, was man wirklich will, anzupassen, so dass man ein unrealistisches Selbstbild zugunsten eines realistischen aufgibt. Wenn ich z. B. erkenne, dass es nicht mein echtes Bedürfnis war, freundlich zu sein, sondern dass dieser Wunsch dem Wunsch nach Zuneigung entsprang, die ich

---

160　A. a. O., S. 398 – 408.

nur durch ständiges Freundlichsein glaubte bekommen zu können, dann führt diese Erkenntnis zu größerer Freiheit. Ich weiß nun, dass es unrealistisch war, von mir selbst zu erwarten, ständig freundlich zu sein, und ich werde nicht mehr unzufrieden sein, wenn es mir nicht gelingt.

Die Aneignung des Willens zur Erlangung der Willensfreiheit beurteilt Bieri als etwas, das nicht zu etwas Festem und Eindeutigem führen kann. Wer darauf bestehe, sei immer noch der Idee des unbedingte freien Willens verhaftet. Da Wünsche im Fließen sind und da wir uns ständig mit einer fließenden Welt auseinandersetzen müssten, ist die Freiheit des Willens für Bieri selbstverständlich etwas, das kommen und gehen, erreicht werden und wieder verloren gehen kann.[161]

Die Aneignung des Willens selbst ist nach Bieri ein subjektloses Geschehen. Es spielt sich in der Person ab, aber es gibt in der Person keine Instanzen mehr, die das verstehende und bewertende Geschehen lenken. Das Bröckeln alter Bewertungen und vermeintlicher Einsichten, die den Willen betreffen, und das Entstehen neuer Strukturen ist für Bieri eher einer geologischen Umschichtung vergleichbar als einem planvollen Spiel. Daher ist die Willensfreiheit ein Stück weit Glückssache. Es gibt keine ein für alle Mal erreichte Freiheit des Willens, und so ist die Willensfreiheit in ihrer vollkommenen Ausprägung für Bieri eher ein Ideal als eine Wirklichkeit.[162]

Meiner Meinung nach zeigt Bieri mit der angeeigneten Freiheit nichts Neues in dem Sinne, dass die angeeignete Freiheit eine größere Freiheit garantieren könnte als die bedingte Freiheit. Mit der Idee der angeeigneten Freiheit illustriert er nur etwas anschaulicher, was in der Idee der bedingten Freiheit bereits enthalten war.

Mit seiner Idee der Aneignung des Willens ist Bieri wieder von Harry Frankfurt beeinflusst, dessen Gedanken er um den verstandenen Willen erweitert. Frankfurt geht es um das

---

161 A. a. O., S. 409.
162 A. a. O., S. 414 f.

Problem des „ungeteilten, sich aus ganzem Herzen Identifizierens"[163]. Für Bieri ist dafür das Verstehen des eigenen Willens notwendig. Bieri meint außerdem, dass für seine Gedanken zum angeeigneten Willen, neben Frankfurt, Freud besonders wichtig war. Auf die Beziehung zwischen Bieri und Freud habe ich bereits hingewiesen.

Größere Freiheit bedeutet für Bieri größere Zufriedenheit mit sich selbst. Deshalb ist Freiheit trotz aller Bedingtheit wünschenswert, und es ist für Bieri nicht annehmbar, aus dem deterministischen Weltbild die Unfreiheit des menschlichen Willens abzuleiten. Es geht ihm offensichtlich weniger darum, die Berechtigung unserer Praxis der Zuschreibung von Verantwortung zu beweisen, sondern einen Weg zu größerer Zufriedenheit der Menschen mit sich selbst aufzuzeigen. Dementsprechend kurz und - wie oben gezeigt - unbefriedigend fielen seine Überlegungen zur Verantwortung aus, während die Idee der angeeigneten Freiheit konsequent auf Bieris Idee der bedingten Freiheit aufbaut.

Kann Bieri zeigen, dass die von ihm vorgeschlagene Idee der Freiheit nicht mit Ideen der Unfreiheit vereinbar ist? Dazu will ich einen Einwand diskutieren, der von verschiedenen Autoren gegen Harry Frankfurts Modell der hierarchischen Wünsche vorgebracht wurde:[164] Frankfurt lässt die Quelle der Volitionen zweiter Stufe unberücksichtigt. Deshalb kann er bestimmte Determinationen, die allgemein als freiheitsbeschränkend angesehen werden, nicht ausschließen. Sein Modell ist mit verschiedenen Arten fremdbestimmender Kontrolle vereinbar. Frankfurt wurde dafür kritisiert, dass seinem Modell die Ansicht zugrunde liegt, dass jemandem schon dann Willensfreiheit zuzuschreiben ist, wenn er sich in Harmonie mit seinen handlungswirksamen Wünschen befindet. Aber selbst wenn wir Gehirne in einem Tank wären, deren Wünsche und Bewertungen durch die von einem Neu-

---

163   FRANKFURT 2001, S. 136.
164   GUCKES, Barbara: Willensfreiheit trotz Ermangelung einer Alternative? Harry G. Frankfurts hierarchisches Modell des Wünschens. In: Frankfurt 2001, S. 1 - 17.

rophysiologen vorgenommene Stimulation bestimmter Neuronen hervorgebracht werden, wären die Bedingungen, die Frankfurt für Willensfreiheit fordert, erfüllt. Deshalb reicht die Forderung nach einer bloßen inneren Harmonie als Freiheitsbedingung weder für die Willensfreiheit noch für die Handlungsfreiheit aus.

Barbara Guckes gibt einen Kritikpunkt Robert Kanes an Frankfurt wieder und meint, dass Frankfurts Ansatz daran scheitern würde.[165] Kanes denkt sich eine Situation, in der die Entscheidungsspielräume des jeweiligen Handlungssubjekts auf Grund der Intervention eines anderen Handelnden absichtsvoll eingeschränkt sind, ohne dass dem Subjekt dies bewusst ist. Derjenige, der interveniert, übt also keinen Zwang aus, sondern manipuliert den Willen des Betreffenden so, dass er genau das willentlich tut, von dem der Kontrollierende will, dass er es tut. Der Kontrollierte fühlt sich dabei weder frustriert noch bedroht noch hat er den Eindruck, dass seine Entscheidungs- oder Handlungsoptionen beschränkt sind, sondern er handelt in Übereinstimmung mit seinen Wünschen und Bewertungen. Dennoch ist er in seinem Handeln kontrolliert, denn die Umstände sind so manipuliert worden, dass er etwas Bestimmtes für gut hält, wünscht und tut. Er ist mit sich selbst zufrieden und hat den Willen, den er haben möchte. Wie Guckes meint, und ich schließe mich ihr darin an, sind wir aber im Allgemeinen der Ansicht, dass der Handelnde in diesem Beispiel nicht frei ist.

Widersteht Bieris Theorie dem geschilderten Einwand? Gukkes meint, Frankfurts und jede andere rein subjektivistische kompatibilistische Theorie[166] würde daran scheitern. Manipulation, die von uns intuitiv als freiheitsbeschränkend bewertet wird, kann nach diesen Theorien nicht als freiheitsbe-

---

165 A. a. O., S. 14 f.
166 D. h. eine Theorie, die Freiheit und Determinismus miteinander zu vereinbaren versucht und dabei ausschließlich die Perspektive des Subjekts betrachtet. Siehe Guckes, S. 1 f., 13.

schränkend gelten. Deshalb werden sie nicht unserer Intuition gerecht, dass Fremdbestimmung die Freiheit aufhebt.[167]

Bieris Theorie ist, auch wenn sie sich in wesentlichen Punkten auf Frankfurt stützt, nicht in dem Sinne subjektivistisch, dass er vernachlässigt, wie man zu einem bestimmten Willen gelangt. Unter den von ihm geschilderten Beispielen von Unfreiheit kommen auch verschiedene Arten von Manipulation vor. Bieri stellt sich unter anderem einen hypnotisierten Menschen vor, der auf ein Codewort hin alles stehen und liegen lässt und das Rathaus in die Luft sprengt.[168] Das Problem dabei ist nach Bieris Ansicht, dass das Nachdenken des Handelnden übergangen wird. Er erlebt sich nicht als Urheber seines Willens, sondern er handelt, ohne sich für die Handlung entschieden zu haben, und ist daher unfrei. Ähnlich sieht es nach Bieri bei einem Hörigen aus, der immer nur das will und tut, von dem ein anderer will, dass er es will und tut. Sein Bewusstsein bleibt zwar intakt, aber sein Entscheidungsvermögen ist lahmgelegt. Für Bieri ist das wie „Hypnose bei vollem Bewusstsein".[169] Eine Handlung aus Freiheit dagegen, bei der das Entscheidungsvermögen beteiligt ist, ist es z. B. dann, wenn sich jemand die Argumente von anderen anhört, sie sich zu eigen macht und dann das Rathaus in die Luft sprengt. Die Unfreiheit liegt laut Bieri nicht am Einfluss der anderen überhaupt, sondern an der Art des Einflusses. Es wäre auch Freiheit, wenn ein Wille in uns auftaucht, dessen Herkunft wir nicht verstehen, den wir uns aber durch Überlegen nachträglich zu eigen machen. Das Überlegen wird dann zu einer hinreichenden Bedingung für den Willen, und die Freiheit ist gesichert.[170]

Es gibt für Bieri eine noch subtilere Art der Manipulation, die das Nachdenken nicht übergeht, aber trotzdem zu Unfreiheit führt. Das ist dann der Fall, wenn jemand einer Gehirnwä-

---

167   A. a. O., S. 15.
168   BIERI, S. 91.
169   A. a. O., S. 92.
170   A. a. O., S. 92 f.

sche unterzogen wird, z. B. wenn er in eine Sekte geraten ist, deren Mitglieder ihm durch subtile Methoden einen Willen einreden, der bei kritischer Prüfung in sich zusammenfallen würde. Es sind keine selbständigen Überlegungen des Betreffenden. Er wird von „geschickt gewählten Stichworten, Metaphern und Assoziationen, an die sich starke, aber undifferenzierte Emotionen anlagern"[171], beeinflusst. Das blockiert seine Phantasie als das Vermögen, sich die Dinge anders vorzustellen, als er es gewohnt ist. Diese Phantasielosigkeit, gepaart mit mangelhaftem kritischem Abstand, macht ihn zu jemandem, der bei oberflächlicher Betrachtung wie ein frei Entscheidender aussieht, in Wirklichkeit aber ein „gedanklicher Mitläufer" geworden ist. Für Bieri besteht in diesem Falle auch subjektiv ein Unterschied im Freiheitsempfinden. Es fühle sich anders an, ein Subjekt in dem Sinne der kritischen Distanz und Kontrolle zu sein, als nur ein Subjekt in dem Sinne zu sein, dem Gedanken zustoßen und in das Überzeugungen hineinsickern, um dann unbemerkt und unkontrolliert die Regie über den Willen zu übernehmen.[172]

Bieris Ansatz ist also nicht mit Manipulationen verträglich und scheint unsere Intuitionen über Freiheit und Unfreiheit tatsächlich adäquat wiederzugeben.

In den obigen Beispielen ist es jedoch wahrscheinlich so, dass der Betreffende nicht merkt, dass er manipuliert wird. Aus welcher Perspektive soll man dann sagen können, dass er unfrei ist? Die Freunde und Verwandten werden über das Opfer einer Sekte sagen, dass er oder sie „nicht sie selbst" ist, also nicht ihren eigenen Willen vertritt, doch sie selbst wird behaupten, von allem überzeugt zu sein, was sie tut. Woher können Dritte wissen, was wirklich in den Köpfen der Betreffenden vorgeht? Meiner Meinung nach muss man vorsichtig sein, wenn man anderen Freiheit oder Unfreiheit zuschreibt. Wenn das Sektenopfer die Sekte verlassen hat, wird sie vielleicht von sich selbst sagen, unfrei gewesen zu sein, und

---

171 A. a. O., S. 94.
172 A. a. O., S. 95.

kann das als einzige Person mit Recht behaupten. Wenn andere das Gleiche sagen, können sie dabei nie die gleiche Gewissheit haben. Die Erste-Person-Perspektive ist für mich das einzige gültige Kriterium bei der Zuschreibung von Freiheit oder Unfreiheit. Dies würde ich Bieri noch hinzufügen.

Ich möchte darüber hinaus noch auf etwas aufmerksam machen, das bei Bieri zu kurz kommt. Er geht zwar ausführlich darauf ein, wie wir uns unseren Willen bilden, aber er vernachlässigt einen wichtigen Aspekt dessen, wie wir zu unseren Wünschen gelangen. Bieris Analyse setzt erst bei den bereits bewussten, artikulierten oder zumindest den vorbewussten, jederzeit artikulierbaren Wünschen ein. Aber gibt es darunter nicht auch noch etwas? Werden wir nicht eigentlich von unseren Trieben gesteuert? Reicht es, dass wir unsere Wünsche verstehen? Was heißt es eigentlich, unsere Wünsche zu verstehen? Freud meint, dass etwas bewusst bzw. erst einmal vorbewusst (d. h. latent, bewusstseinsfähig) werden kann, indem es mit den entsprechenden Wortvorstellungen verbunden wird.[173] So weit stimmt Bieri mit Freud überein, denn die Möglichkeit, einen Wunsch zu artikulieren, ist bei ihm ein Kriterium zur Aneignung des Willens.

Bieri gibt an, Freuds Instanzenlehre nicht zu übernehmen, aber offenbar lehnt er sich eng daran an, denn er selbst zitiert ja Freuds Ausspruch „Wo Es war, soll Ich werden".[174] Deshalb denke ich, dass meine Kritik nicht fehl geht, wenn auch ich mit einigen von Freuds Begriffen arbeite.

Der Satz „Wo Es war, soll Ich werden", der Bieri bei seiner bedingten Freiheit leitete, kann nur relativ und nie absolut zutreffen. Es ist illusorisch anzunehmen, dass wir alles, was im Es ist, zum Ich machen oder, wie man es wohl in den meisten Fällen verstehen kann, Unbewusstes bewusst machen können. An irgendeiner Stelle muss das Verständnis unserer selbst aufhören. Denn das Ich ist nach Freud nur eine kleiner Teil des Es, nämlich der Teil, der mit dem Bewusstsein und

---

173 FREUD, S. 289.
174 BIERI, S. 445.

der Wahrnehmung in Verbindung steht und zwischen Außenwelt, Es und Über-Ich vermittelt. Der größte Teil des Seelischen ist unbewusst.[175] Bieri glaubt auch nicht, dass wir mit dem Verständnis unserer selbst unendlich weit kommen, denn er betont, dass die angeeignete Freiheit eine relative Freiheit ist, die wir uns immer wieder erarbeiten müssen. Aber ich denke, er macht sich nicht genügend klar, was das bedeutet. In Wirklichkeit werden uns große Teile unseres seelischen Apparates für immer unzugänglich bleiben. Gerade für die Triebe gilt das, die meinem Verständnis nach für jeden Wunsch oder Willensakt den Antrieb bilden. Freud sagt über die Triebe: „Ich meine wirklich, der Gegensatz von Bewußt und Unbewußt hat auf den Trieb keine Anwendung. Ein Trieb kann nie Objekt des Bewußtseins werden, nur die Vorstellung, die ihn repräsentiert. Er kann aber auch im Unbewußten nicht anders als durch die Vorstellung repräsentiert sein. Würde der Trieb sich nicht an eine Vorstellung heften oder nicht als ein Affektzustand zum Vorschein kommen, so könnten wir nichts von ihm wissen."[176]

Heißt das nun, wir werden von unseren Trieben gesteuert und wissen es nicht? Ich denke, so weit muss man nicht gehen. Es trifft zu, dass wir nie restlos verstehen können, warum wir etwas Bestimmtes wünschen und nicht etwas anderes. Aber hier erinnere ich noch einmal an Frankfurts Gleichnis von der Rechenaufgabe (siehe oben S. 96 f.). Wenn jemand die Überprüfung einer Rechenaufgabe beendet und nicht weiter rechnet, ist der Grund dafür, dass er das Ergebnis entweder für wahr hält oder dass die Mühen einer weiteren Überprüfung ihm größer erscheinen, als ihm die Vermeidung der Wahrscheinlichkeit eines Fehlers wert ist. So wird das Verständnis meiner selbst mit hoher Wahrscheinlichkeit dem entsprechen, was ich tatsächlich will, und ich handle nicht triebhaft, d. h. meine Triebe können sich nicht unkontrolliert äußern. Das ist deutlich mehr Freiheit, als jemand hätte, der sich seinen Trieben ohne Reflektion über-

---

175 FREUD, S. 273 – 330.
176 A. a. O., S. 136.

lässt. Allein die Tatsache, dass jemand über den Willen reflektiert, ist wohl auch nach Bieris Ansicht höher zu bewerten als das nie zu erreichende restlose Verständnis des Willens.

4. Zusammenfassung

Eine wesentliche Gemeinsamkeit der Theorien von Schopenhauer und Bieri ist das deterministische Weltbild, das beide vertreten. Beide glauben, dass Ereignisse, aber auch menschliche Handlungen grundsätzlich kausal determiniert sind. Der größte Unterschied besteht darin, dass Bieri davon ausgeht, dass Freiheit und Determinismus miteinander vereinbar sind, während Schopenhauer meint, Determinismus schließe Freiheit aus. Dies ist eine Folge ihrer unterschiedlichen Freiheitsbegriffe. Bieri meint, dass Freiheit Determiniertheit oder Bedingtheit voraussetzt, da eine unbedingte Freiheit zufällig wäre und kein Handelnder sich als Urheber seiner Handlungen fühlen könnte, wenn ihm diese zufällig zustoßen würden. Deshalb wäre eine unbedingte, zufällige Freiheit gar keine Freiheit. Bieri lehnt nicht nur die Existenz, sondern auch die Idee einer unbedingten Freiheit ab. Schopenhauer dagegen kann sich nur eine unbedingte Willensfreiheit vorstellen. Determinismus ist bei ihm gleichbedeutend mit Unfreiheit. Da es aber in der Welt der Erscheinung nichts geben kann, das ohne Ursache ist, weil unser Erkenntnisvermögen so beschaffen ist, dass es nur im Rahmen von Raum, Zeit und Kausalität funktioniert, kann es diese Freiheit in der Welt der Erscheinung nicht geben.

Bieri meint, dass wir uns unsere Freiheit aneignen können, indem wir unseren Willen verstehen, ihn artikulieren und gutheißen. Ein wichtiges Kriterium der Freiheit ist bei ihm die Identifikation mit dem eigenen Willen. Dies geschieht, indem wir Wünsche zweiter Stufe ausbilden, die Urteile über die Wünsche erster Stufe oder Selbstbilder sind. Im Lichte dieses Selbstbildes identifizieren wir uns entweder mit unserem Willen oder lehnen ihn ab. Ein Wille wird dabei als handlungswirksamer Wunsch verstanden. Es ist auch möglich, dass wir etwas wollen und tun, das wir verurteilen. In diesem Fall würde Bieri uns als unfrei bezeichnen. Zum Kriterium der Identifikation kommt hinzu, dass das Nachdenken nicht übergangen wird und dass wir unsere Phantasie dazu gebrauchen, uns andere Alternativen vorzustellen, bevor wir eine Entscheidung treffen. Die Entscheidung, die bei Schopenhauer eine bloße Illusion war, ist bei Bieri eine echte Entscheidung.

Bieri gibt zu, dass seine angeeignete Freiheit eine relative Freiheit ist. Wir können nie sagen, ein für alle Mal die Freiheit erreicht zu haben, sondern wir müssen uns unsere Freiheit ständig neu erarbeiten, indem wir uns um ein besseres Verständnis unserer selbst bemühen.

Bei Schopenhauer gibt es nicht nur Unfreiheit, und er vertritt nicht nur ein deterministisches Weltbild, sondern es gibt bei ihm die transzendentale Freiheit des Willens. Der Mensch hat einen intelligiblen Charakter, der von der Welt der Erscheinung unabhängig ist, der frei gewählt wurde, so dass jeder Mensch für seinen Charakter und deshalb auch für seine Handlungen verantwortlich gemacht werden kann. Mit dieser Begründung rechtfertigt Schopenhauer unsere Praxis des Lobens, Tadelns und Strafens. Die Idee der transzendentalen Freiheit ist aber nicht haltbar, da sie zu weit über den Bereich der menschlichen Erfahrung hinaus geht, um nachvollziehbar zu sein. Man kann als Einzelner an sie glauben, aber man kann mit ihr keine allgemein menschliche Praxis, z. B. die des Verantwortlichmachens, begründen.

Was von Schopenhauers Theorie als vertretbar übrig bleibt, ist ein Determinismus, aus dem die Unfreiheit des menschlichen Handelns folgt. Dieser ist zeitlos und kann heute wie zu Schopenhauers Zeit vertreten werden. Das heißt also, das menschliche Handeln ist in all seinen Einzelheiten durch zureichende Gründe determiniert. Wir können nicht anders handeln, als wir handeln, und sind daher unfrei. Wenn man nicht die Grundannahmen des Positivismus oder der Sprachanalytischen Philosophie teilt, sondern die alten metaphysischen Fragen, zu denen auch die Frage nach der Willensfreiheit zählt, ernsthaft stellt, kann man Schopenhauers Determinismus ernst nehmen. Man muss dazu auch nicht unbedingt seine Willensmetaphysik übernehmen, die möglicherweise ein weiterer Streitpunkt sein könnte. Sein Determinismus betrifft ja nur die Welt der Erscheinung, der Wille (als Weltwille) wird davon nur am Rande berührt.

Ein Vorzug von Schopenhauers Theorie ist, dass er die Folgen seines Determinismus für Ethik und Rechtslehre überzeugend darlegen kann. Seine Gedanken dazu sind auch heute noch aktuell. Seine Überlegungen zum Fundament der Moral und zur Begründung des Naturrechts sind von hoher Plausibilität.

Bieris Gedanken zum Thema Verantwortung sind leider nicht mit letzter Konsequenz durchgearbeitet. Er trennt Recht und Ethik nicht genügend voneinander. An diesem Punkt scheitern seine Überlegungen. Bieri scheint am Thema Verantwortung allgemein weniger interessiert zu sein als an der eigentlichen Willensfreiheit und am menschlichen Handeln, unabhängig von deren juristischen und ethischen Implikationen.

Man kann, wenn man Bieris Gedanken weiter denkt, zu einer Bejahung der Verantwortung kommen. Wenn es die Willensfreiheit gibt und wenn der Handelnde die Kriterien dafür erfüllt, dann spricht nichts dagegen, dass wir ihn für seine Handlung verantwortlich machen können. Unsere konkrete gesellschaftliche Praxis des Strafens wird dadurch aber noch keineswegs gerechtfertigt.

An Schopenhauer ist zu kritisieren, dass der empirische Charakter als angeborener, unveränderlicher Charakter nicht der Realität entspricht. Nicht nur unsere Gene, sondern auch die Erfahrungen, die wir in unserem Leben machen, tragen zu einem großen Teil zur Herausbildung unseres Charakters bei. Unser Charakter bleibt nicht von Geburt an gleich, wie Schopenhauer annimmt, sondern ist für Einflüsse aus der Umwelt offen.

Bieri vernachlässigt den Einfluss der Triebe auf unseren Willen. Es sieht bei ihm so aus, als ob er annimmt, dass wir uns alles an unserem Innenleben bewusst machen können. Das ist aber nicht einmal annähernd möglich. Es ist also noch schwieriger, als Bieri sich klar macht, die von ihm angestrebte Freiheit zu erreichen.

Die im Titel der Arbeit gestellte Frage „Determinismus oder Willensfreiheit?" kann man auf zweierlei Weise beantworten. Mit Schopenhauer kann man sagen, in der Welt der Erscheinung herrscht der Determinismus, und es gibt keine Freiheit. Oder man kann mit Bieri antworten: Es gibt die Freiheit des Willens trotz des Determinismus. Diese Freiheit ist eine bedingte, relative, schwer zu erringende und leicht wieder zu verlierende Freiheit, die man niemals ein für alle Mal erreichen kann, die vielmehr ein ständiges Bemühen ist, den eigenen Willen zu verstehen.

Es ist aber auch möglich, beide Theorien miteinander zu verbinden und Bieri als Ergänzung Schopenhauers zu interpretieren. Schopenhauer legt dar, dass alle menschlichen Handlungen determiniert sind. Bieri widerspricht dem nicht. Seine Theorie knüpft logisch vor Schopenhauers Schlussfolgerung an, dass wir unfrei sind. Bieri meint, dass unser Handeln zwar determiniert ist, dass der Determinismus aber die Voraussetzung für eine relative, bedingte Willensfreiheit ist, die wir durch Selbsterkenntnis vergrößern können. Bei Bieri fehlt die geschlossene Darlegung des deterministischen Weltbildes. Er setzt es als gegeben voraus, wenn er z. B. Raskolnikov in seinem Dialog mit dem Richter klagen lässt, dass seine Geschichte ihn zwangsläufig zum Mörder werden ließ. Hier kann man noch einmal auf Schopenhauer zurückkommen und sich von ihm den Satz vom Grunde erklären lassen, der auch für menschliches Handeln gilt.

Ist es nicht enttäuschend, dass die Freiheit des Willens eine so zerbrechliche Freiheit ist, auf der man sich nie ausruhen kann, die man sich ständig neu erarbeiten muss, solange man lebt? Das klingt nach Sisyphusarbeit. Lohnt sich diese Mühe? Kann man nicht auch angenehme Assoziationen mit der Unfreiheit verbinden? Wenn man sich, wie Schopenhauer, damit abfindet, dass man unfrei ist, folgt daraus, dass der Einzelne sich viel weniger bemühen muss als bei Bieri. Bei Schopenhauer gibt es den erworbenen Charakter, der durch die fortschreitende Erkenntnis des eigenen Charakters entsteht. Mit dem erworbenen Charakter ist das Ziel erreicht, nämlich die Vermeidung von Leid aufgrund von Irrtümern über den eigenen Charakter. Man muss seinen Charakter bzw. Willen nicht ständig neu erforschen, wie es nach Bieri der Fall ist.

Bieris relative Freiheit ist aber am Ende doch im Vorteil gegenüber Schopenhauers Unfreiheit. Man ist ja nicht gezwungen, seine Freiheit in jedem Moment auszuüben. Man kann sich, wie der Getriebene in einem Beispiel Bieris[177], für eine gewisse Zeit seinen Wünschen überlassen und sie ganz unreflektiert in die Tat umsetzen, um sich einmal von der Mühe des Entscheidens zu erholen. Aber meistens *wollen* wir frei sein in dem Sinne, dass wir bewusst darüber entscheiden, wie wir handeln werden.

Wir können immer selbst entscheiden, wie viel Mühe wir auf uns nehmen wollen, um unseren jeweiligen Willen zu erforschen. Wenn wir uns mit einem unserer Wünsche identifizieren und nicht glauben, dass es sich lohnen würde, darüber nachzudenken, ob wir nicht vielleicht etwas anderes wollen, dann können wir uns als frei bezeichnen, denn alle Kriterien, die nach Bieri zur Freiheit gehören, sind erfüllt: Wir verstehen die Gründe für unseren Willen, wir können ihn artikulieren und wir identifizieren uns mit ihm. Wir könnten aber auch in diesem Fall eine noch größere Freiheit erhalten, wenn wir stärker über unsere Wünsche nachdenken und unsere Phantasie in höherem Maße gebrauchen würden, denn es gibt keine absolute, sondern nur mehr oder weniger Freiheit.

---

177 BIERI, S. 84 – 90.

Anhang

Abkürzungsverzeichnis

Jb.   Schopenhauer-Jahrbuch

Für Schopenhauers Schriften verwende ich folgende Abkürzungen:
E I   Über die Freiheit des menschlichen Willens
E II   Über die Grundlage der Moral
G   Über die vierfache Wurzel des Satzes vom zureichenden Grunde
W I   Die Welt als Wille und Vorstellung, Band I
WII   Die Welt als Wille und Vorstellung, Band II

Für Kants Schriften verwende ich folgende Abkürzungen:
KpV   Kritik der praktischen Vernunft
KrV   Kritik der reinen Vernunft

Literaturverzeichnis

Primärliteratur

BIERI, Peter: Das Handwerk der Freiheit. Über die Entdeckung des eigenen Willens. München, Wien 2001.

DANTE: Die Göttliche Komödie. Frankfurt am Main 1974.

FRANKFURT, Harry G.: The importance of what we care about. Philosophical essays. Cambridge 1988.

    Ders.: Freiheit und Selbstbestimmung. Hg. von Betzler, Monika / Guckes, Barbara. Berlin 2001.

FREUD, Sigmund: Studienausgabe. Band III: Psychologie des Unbewußten. Frankfurt am Main 1975.

KANT, Immanuel: Werkausgabe in 12 Bänden. Hg. von Weischedel, Wilhelm. Frankfurt am Main 1968.

PLATON: Sämtliche Dialoge. Hg. von Otto Apelt. Band 5: Der Staat. Hamburg 1988.

SCHOPENHAUER, Arthur: Sämtliche Werke. Nach der ersten, von Julius Frauenstädt besorgten Gesamtausgabe neu bearbeitet und herausgegeben von Arthur Hübscher. Leipzig 1937 - 1941.

Sekundärliteratur

BAUER, Fritz: Schopenhauer und die Strafrechtsproblematik. In: 49. Jb. Frankfurt am Main 1968, S. 13 - 29.

BAUM, Günter: Schopenhauers Ethik im Licht der gegenwärtigen Ethikdiskussion. In: Birnbacher, Dieter (Hg.): Schopenhauer in der Philosophie der Gegenwart. Beiträge zur Philosophie Schopenhauers, Band 1. Würzburg 1996, S. 87 - 100.

BIRNBACHER, Dieter: Freiheit durch Selbsterkenntnis. Spinoza, Schopenhauer, Freud. In: 74. Jb. 1993, S. 87 - 102.

DEUSSEN, Paul: Über die Freiheit des Willens. In: 6. Jb. Kiel 1917, S. 251 - 261.

FOTH, Heinrich: Das Schuldprinzip und der Satz vom zureichenden Grunde. Ein Rückblick auf die Strafrechtsreform. In:

Archiv für Rechts- und Sozialphilosophie 62, Wiesbaden 1976, S. 248 - 268.

Ders.: Tatschuld und Charakter. In: 60. Jb. Frankfurt am Main 1979, S. 148 - 180.

FULDA, Ludwig: Schopenhauer und das Problem der Willensfreiheit. In: 19. Jb. Heidelberg 1932, S. 115 - 138.

GAREWICZ, Jan: Schopenhauer und das Problem der Willensfreiheit. In: 53. Jb. Frankfurt am Main 1972, S. 93 - 100.

GÖDDE, Günter: Traditionslinien des „Unbewußten". Schopenhauer - Nietzsche - Freud. Tübingen 1999.

HASSE, Heinrich: Schopenhauer. München 1926.

KLEE, Rudolf: Zur Willensfreiheit. In: 6. Jb. Kiel 1917, S. 261 f.

KOSSLER, Matthias: Die Philosophie Schopenhauers als Erfahrung des Charakters. In: Birnbacher, Dieter / Lorenz, Andreas / Miodonski, Leon (Hg.): Schopenhauer im Kontext. Deutsch-polnisches Symposion 2000. Würzburg 2002, S. 91 - 110.

KULENKAMPFF, Arend: Hätten wir anders handeln können? Bemerkungen zum Problem der Willensfreiheit. 59. Jb. Frankfurt am Main 1978, S. 15 - 28.

LENHOFF, Artur: Bemerkungen zu Schopenhauers Rechtsphilosophie. In: 25. Jb. Heidelberg 1938, S. 252 -265.

MALTER, Rudolf: Was ist heute an Schopenhauers Philosophie aktuell? In: Birnbacher, Dieter (Hg.): Schopenhauer in der Philosophie der Gegenwart. Beiträge zur Philosophie Schopenhauers, Band 1. Würzburg 1996, S. 9 - 17.

MOCKRAUER, Franz: Zur „Freiheit des Willens". In: 6. Jb. Kiel 1917, S. 262 - 266.

SAFRANSKI, Rüdiger: Schopenhauer und die wilden Jahre der Philosophie. München, Wien 1987.

SCHÖPF, Alfred: Sigmund Freud. München 1982.

SPIERLING, Volker: Arthur Schopenhauer zur Einführung. Hamburg 2002.

STOCKHAMMER, Morris: Über die Freiheit des Willens. Eine Schopenhauer-Studie. In: 38. Jb. Frankfurt am Main 1957, S. 28 - 96.

VOIGT, Hans: Zur Preisschrift über die Freiheit des Willens. In: 47. Jb. Frankfurt am Main 1966, S. 72 - 84.

VOLLMER, Gerhard: Schopenhauer als Determinist. In: Spierling, Volker (Hg.): Schopenhauer im Denken der Gegenwart. 23 Beiträge zu seiner Aktualität. München 1987, S. 164 - 178.

WEIMER, Wolfgang: Schopenhauer. Darmstadt 1982.

Ders.: Ist eine Deutung der Welt als Wille und Vorstellung heute noch möglich? Schopenhauer nach der Sprachanalytischen Philosophie. In: 76. Jb. Würzburg 1995, S. 11 - 51.

Nachschlagewerke

dtv-Lexikon in 20 Bänden. Mannheim, München 1992.

Duden Fremdwörterbuch. Mannheim 1997.

PONS Wörterbuch für Schule und Studium Lateinisch-Deutsch. Stuttgart, Düsseldorf, Leipzig 1998.

SCHISCHKOFF, Georgi (Hg.): Philosophisches Wörterbuch. Stuttgart 1991.

ULFIG, Alexander: Lexikon der philosophischen Begriffe. Wiesbaden 1999

www.ingramcontent.com/pod-product-compliance
Lightning Source LLC
Chambersburg PA
CBHW020902020526
44112CB00052B/1194